秦 娟 ——— 主编

高阶思维教学的
核心指向

核心素养导向的课堂教学丛书　杨四耕主编

华东师范大学出版社
·上海·

图书在版编目(CIP)数据

高阶思维教学的核心指向/秦娟主编.—上海:华东师范
大学出版社,2021

(核心素养导向的课堂教学丛书)

ISBN 978 - 7 - 5760 - 1518 - 8

Ⅰ.①高… Ⅱ.①秦… Ⅲ.①课堂教学—教学研究— 中
学 Ⅳ.①G632.421

中国版本图书馆 CIP 数据核字(2021)第 108174 号

核心素养导向的课堂教学丛书

高阶思维教学的核心指向

丛书主编 杨四耕
主　　编 秦 娟
责任编辑 刘 佳
项目编辑 林青荻
特约审读 徐曙蕾 杨月莹
责任校对 樊 慧 时东明
装帧设计 卢晓红

出版发行 华东师范大学出版社
社　　址 上海市中山北路 3663 号　邮编 200062
网　　址 www.ecnupress.com.cn
电　　话 021 - 60821666　行政传真 021 - 62572105
客服电话 021 - 62865537　门市(邮购)电话 021 - 62869887
地　　址 上海市中山北路 3663 号华东师范大学校内先锋路口
网　　店 http://hdsdcbs.tmall.com

印 刷 者 上海锦佳印刷有限公司
开　　本 787 毫米×1092 毫米 1/16
印　　张 12.25
字　　数 177 千字
版　　次 2021 年 7 月第 1 版
印　　次 2023 年12月第 4 次
书　　号 ISBN 978 - 7 - 5760 - 1518 - 8
定　　价 38.00 元

出 版 人 王 焰

(如发现本版图书有印订质量问题,请寄回本社客服中心调换或电话 021 - 62865537 联系)

编委会

主　编

秦　娟

编　委

刘瑞华　杨　静　楼正堂

邱爱萍　孙莉莉　穆　战

张贤臣　张　清　曹　蓉

李　津　贾兴文

丛书总序

洞见改革

回望轰轰烈烈的课堂教学改革，我们依然可以欢呼，仍然可以雀跃，但我们更需要理性的回望和深刻的反思。

不是么？我们的课堂教学改革虽然取得了卓著的成效，但也出现了不少观念的误识和实践的误区。我们能否真正面对与合理消解这些问题，将直接影响课堂教学改革的纵深推进。

维特根斯坦指出："洞见或透识隐藏于深处的棘手问题是艰难的，因为如果只是把握这一棘手问题的表层，它就会维持原状，仍然得不到解决。因此，必须把它'连根拔起'，使它彻底地暴露出来；这就要求我们开始以一种新的方式来思考。这一变化具有着决定意义，……难以确立的正是这种新的思维方式。一旦新的思维方式得以确立，旧的问题就会消失；实际上人们很难再意识到这些旧的问题。因为这些问题是与我们的表达方式相伴随的，一旦我们用一种新的形式来表达自己的观点，旧的问题就会连同旧的语言外套一起被抛弃。"面对核心素养时代，我们的课堂教学改革有必要确立新的思维方式，并借此洞悉困扰我们的"棘手问题"。

改革不是一种风潮，而是一种使命。当下，跟风式改革仍然盛行，如深度学习、项目学习、STEAM……见样学样，不停跟风，显现出一派繁荣景象。不少所谓的教学改革只是在形式上做文章，有教条主义的嫌疑；不少课堂深陷应试泥潭，既不教人文，亦无关精神，甚至连知识也谈不上，而是"扎扎实实"地搞成了教考，把考试当作课堂教学改革的使命。教育改革的真正使命是什么？我们应秉持怎样的立场推进课堂教学改革？ 2014 年，教育部颁布《关于全

面深化课程改革　落实立德树人根本任务的意见》。这份文件指出：立德树人是课程改革的根本任务，核心素养培育是课程改革的核心价值。这便是我们的使命。使命需要执著，执著就是美德。细细品味维特根斯坦的这句话也许会有所助益："当一切有意义的科学问题已被回答的时候，人生的诸问题仍然完全未被触及。"课堂教学改革的全部使命便是触及人生问题并给予某种实质性的回答，从而使"立德树人"落到实处。

改革不是一个口号，而是一种立场。层出不穷的口号、花样频出的概念，已然是当下学校变革的常态。不少学校把玩弄概念作为改革，把提口号当成改革，以学定教、先学后教、翻转课堂……热词涌起，名句不断。当我们把改革看成一个概念、一个口号的时候，我们已经远离了改革。改革是一种立场，一种有思考的尝试，一种为着根的事业而不断探索的精神。维特根斯坦说："一种表述只有在生活之流中才有意义。"可以说，如果我们能把自己的立场安放在特定的概念或口号里，秉持有立场的变革，那将是对维特根斯坦的一种慰藉。

改革不是一张蓝图，而是一种责任。加拿大学者迈克尔·富兰说："变革是一项旅程，而不是一张蓝图。"毫无疑问，改革需要蓝图，需要理性设计，但蓝图不是改革本身。奥托·魏宁格有一句令人心动的话："逻辑与伦理在本质上是相同的。它们不是别的，而正是对自我的责任。"改革是一种责任，是一种对未来负责的精神。联合国教科文组织提出了 21 世纪教育的四大支柱：学会认知、学会做事、学会共处、学会生存。其中，学会认知是步入未来社会的通行证：观察、阅读、倾听、书写、交流、多样化表达、分析、综合、推理……学会做事是适应知识经济时代的必然选择：专注、善于发现问题、善于尝试、目标准确、身体力行、全力以赴、勇于面对现实、直面困难、不惧失败……学会共处是顺应全球化时代的需要：人际感受能力、人际理解力、人际想象力、风度与表达力、合作能力与协调能力、决策能力、沟通能力；懂得尊重、善于理解、换位思考、勇于担当、积极配合；而学会生存则是对做人品质的完善：适应能力、交往能力、管理能力、动手能力、创新能力、竞争能力；促进自我实现、丰富人格特质、担当与责任承诺、接受改变、适应改变、积极改变、引导改变……应该说，这些都是核心素养时代课堂教学改革的责任。

改革不是一场革命，而是一种态度。我们为什么需要改革？是因为有糟糕的现实摆在眼前，我们必须清除它。我们如何改革？通过雷厉风行的方式彻底改革吗？我们知道，对于理想化的东西，改革者很容易接受，并习惯于用理想的丰满来衡量现实的骨感，用理想的光滑来评判现实的粗糙。在理想观照下，现实是一无是处的，是必须摈弃的。正是基于这种认识，改革者很容易接受这样的观点：通过暴风骤雨式的"革命"来实现美好的改革目标。著名教学论专家王策三先生指出：任何教学改革都不是"一蹴而就的，也不是几年、十几年、几十年短期实现的，更不是以'革命'方式达成的"。改革是一种态度，一种持续改变现状的态度，一种朝向美好的态度，一种渐进探索的态度。

改革不是一个事件，而是一项旅程。吉纳·霍尔认为，变革的首要原则是把变革看作"是一个过程，而不是一次事件"。当我们把改革看成是一个事件，这意味着，改革可以在短期内取得成功；如此，改革尚未真正推进，我们便急着推出新的改革。面对一系列的政策性号召与行政命令，一些地方与学校常常是积极参与，往往在短时间内就会涌现出大量的改革成果，不少地方和学校还会举办各种各样的经验交流会。然而，在热闹的背后，却存在着虚假的繁荣：应付改革，鲁莽冒进现象时有发生。改革其实是一项旅程，一项迈向合理性的旅程，一项不断面对问题、思考问题、解决问题的旅程。课堂教学改革无法速成，只能渐进摸索；课堂教学改革也无法一次性完成，它永远在路上。

改革不是一条直线，而是一种智慧。对改革的简单化认识，缺少对改革形态丰富性、过程复杂性的理解，会让改革陷入迷茫。吉纳·霍尔说："变革，不是某位领导发表一次演讲，或在8月份为教师举行两天短期培训，或向学校提供新课程或新技术，就能一蹴而就、获得成功的。相反，变革是一个过程，在这个过程中，个人、组织机构逐渐理解了新事物、新方法，并且在运用它们时愈益熟练和有技巧。"无数经验证明，课堂教学改革是一个逐步推进的过程，而不是一条直线，其中往往包含着复杂性、随机性和偶然性，它需要理性和智慧。对此，迈克尔·富兰说：变革"好比一次有计划的旅程，和一伙叛变的水手在一只漏水的船上，驶进了没有海图的水域"。可见，课堂教学改革不是"种豆得豆、种瓜得瓜"的简单逻辑，而是一个多因子、多变量、多可能的复杂交织过程。没有"直接拿来"的理论与模式可以套用，改革需要我们自己的原创理论和实践智慧。

改革不是一个目的，而是一种创造。把改革作为目的，为改革而改革，这不是我们的应然取向。有人说："未来不是我们要去的地方，而是我们要创造的地方。"课堂教学改革，可以是突破陈规、大胆探索的思想观念，也可以是自强不息、锐意进取的精神状态，还可以是奋勇争先、不甘落后的使命感。华罗庚说："如果没有独创精神，不去探索更新的途径，只是跟着别人的脚印走路，也总会落伍别人一步；要想赶过别人，非有独创精力不可。"我们今天创造怎样的课堂，就意味着我们在培育怎样的未来。当我们创造知识型课堂的时候，我们就是在塑造复制与服从的未来；当我们创造素养型课堂的时候，我们就是在选择美好与灿烂的生活。教育的价值在于生命意义的提升，在于学习价值的锤炼，而不在于知识的牢固掌握和大量累积。雨果说："已经创造出来的东西比起有待创造的东西来说，是微不足道的。"的确，有待创造的东西只能靠学生在生命化实践和实际生活中去创造。因此，在某种意义上，改革不是一个固定目标，而是一个创造，一个基于实验的生命创造和素养提升过程。

改革不是一种形式，而是一种深度。虽然改革之声不断，但我们的课堂教学改革总体上并无实质性进展，"素质教育轰轰烈烈，应试教育扎扎实实"仍然是中小学课堂教学的主流表现。围绕着教材，问题学习、项目学习、单元教学、作业设计、听评课……都被冠以改革之名。联合国教科文组织在《学会生存》这一报告中曾警告说："教育具有开发创造精神和窒息创造精神这样双重的力量。"大量事实表明，以反复操练为表征的知识教育严重地窒息着年轻一代的创造精神，阻碍着社会进步。教育的核心价值不应该只是盯着知识，而应在于培养有智慧的人。唯有培养有智慧的人，我们才能足以应对不断变化的社会。二百多年前，德国就有如此教育宣言："教育的目的，不是培养人们适应传统的世界，不是着眼于实用性的知识和技能，而要去唤醒学生的力量，培养他们自我学习的主动性、抽象的归纳力和理解力，以便使他们在目前无法预料的种种未来局势中，自我做出有意义的选择。"当前，课堂教学改革最重要的一步，就是要从知识至上的泥潭中跳出来，义无反顾地迈向关注生长的素养时代。

总之，改革不是自负的概念翻新与宣示，而是崭新观念的建构与实践。面对核心素养时代，我们应少些"看客"，多些"创客"，不断洞悉隐藏于深处的棘手问题，在不断追问中创造属于我们自己的精神世界。这或许就是"核心素养导向的课堂教学丛书"之初衷。

杨四耕

2019 年 6 月 9 日于上海市教育科学研究院

目录

第一章　发散性思维：呈现扩散状态的思维模式　/ 1

发散思维又称辐射思维、放射思维、扩散思维或求异思维，是指大脑在思维时呈现的一种扩散状态的思维模式，表现为思维视野广阔，思维呈现出多维发散状。可以用"一题多解""一事多写""一物多用"等方式，培养发散性思维能力。不少心理学家认为，发散性思维是创造性思维的核心特点，是测定创造力的主要指标。

第二章　批判性思维：对知识与信念进行持续的省察　/ 27

批判性思维又称审辩性思维，是一种与创造性思维并举的思维策略与技能，主要指对知识、信念进行能动的、持续的、精确的反思和省察，洞悉支持它的理由及指向的结论。也可以说，为选择信什么（知识、信念）和做什么而进行的合理的、反思性的思维。从某种意义上来说，它是一种审视自我、反思自我的能力。批判不等于批评和挑剔，因为批判同时也意味着清楚、真实、公平地看待某一事物。

第三章　形象性思维：以具象为思维内容的思维形态　/ 55

形象性思维是对形象信息传递的客观形象体系进行感受的基础上，结合主观的认识和情感进行识别，并用一定的形式、手段和工具创造和描述形象的一种基本的思维形式。形象性思维所反映的对象是事物的形象，思维形式是意象、直感、想象等形象性的观念，其表达的工具和手段是能为感官所感知的图形、图象、图式和形象性的符号。形象性思维具有生动性、直观性、整体性、想象性和创造性等形象性特质。

第四章　逆向性思维：以相反思考角度解决问题 　/ 77

逆向性思维也叫求异性思维，就是当大家都朝着一个固定的思维方式思考问题的时候，你却能另辟蹊径，通过相反的思考角度，以新颖独特的方式解决问题。所谓的逆向，可以是性质上的对立、位置上的互换、过程上的逆转等。当生活中遇到某些略有难度、比较特殊的问题时，逆向性思维模式往往会使问题更简单化，给我们带来意想不到的收获。

第五章　转化性思维：将复杂问题转化为简单问题 　/ 89

转化性思维是学生对已有的知识和方法应用于解决新问题过程中，将新问题转化为已掌握的问题并加以解决的思维方法。转化性思维一般总是将复杂问题通过变换转化为简单问题，将难解的问题通过变换转化为容易求解的问题，将未解决的问题通过变换转化为已解决的问题。

第六章　类比性思维：用简单问题的解答方法建构复杂方法 　/ 101

G·波利亚说："类比是一个伟大的引路人。"类比性思维是进行合情推理的一种非常重要的思维方法。它是大自然中各种事物之间的一种相似：当两个对象系统中某些对象间的关系存在一致性或者某些对象间存在同构关系，或者一对多的同态关系时，我们便可对这两个对象系统进行类比，从而可以从一个对象系统得到的某些结果去猜测和发现另一系统的相应的新结果；在我们分析问题解决问题的过程中可以用简单问题的解答方法去找到原问题的解决方法。

第七章　逻辑性思维：准确而有条理地表达思维过程　/ 111

逻辑性思维是人的理性认识阶段，人运用概念、判断、推理等思维类型反映事物本质与规律的认识过程。逻辑性思维包括定义、分类、关系和顺序。定义明确了什么是主体，分类明确了按不同分类规则划分的类别，关系明确了主体与客体的关系及主体不同类别间的关系，顺序明确了各过程进行的先后顺序。逻辑性思维具有规范、严密、确定和可重复的特点。只有经过逻辑性思维，人们对事物的认识才能达到对具体对象本质规律的把握，进而认识客观世界。

第八章　综合性思维：超越时空的想象组合　/ 128

综合性思维是把某一事物的某些要素分离出来，组接到另一事物或事物的某些要素上的创造性思维过程。综合性思维是掌握系统、整体及其结构层次上的综合，它把相关事物的整体作为认识的起点，对事物的整体进行分析以达到对事物整体的把握。综合性思维是"综合-综合分析-新的综合"的思维运思，是超越时空的想象组合，是思维想象的跃迁。

第九章　创新性思维：人类最高层次的思维方法　/ 141

对于创新，我们可以有多方面的理解，说别人没说过的话叫创新，做别人没做过的事叫创新，想别人没想的东西叫创新，但创新不一定非得是全新的东西，把旧的东西以新的形式包装一下也叫创新，把旧的东西以新的切入点处理也叫创新，改变一个事物的总量或结构都叫创新。创新性思维是打破固有的思维模式，从新的角度，以新的方式思考，进而得出不一样的且具有创造性结论的思维方式。好奇和自由是创新性思维的源泉。

前言　关注学习者的高阶思维培育

自 1997 年建校以来，上海市三门中学始终秉承"让爱滋润每一个师生心田"的办学理念，致力于把学生培养成"有爱心、身心健、会学习、习惯好、有特长"的阳光少年。在学校的教育哲学和办学理念统摄下，学校制订"启智、暖心"课程计划，确立"用智慧启迪智慧、用温暖传递温暖，让学生在成长中温暖心灵，在人生经历中拥有美好记忆"的课程愿景。努力以"精心的态度"叩开"心灵之门"、以"精致的方法"连通"智慧之门"、以"精彩的表现"铸就"成长之门"，使学生健康阳光发展。"进口低，出口高"的"三门现象"也受到了各界的广泛关注，学校被社区称为"老百姓身边的好学校"。

学校从 2011 年和 2012 年的"绿色指标"测试情况反馈中发现，高层次思维能力是学生的短板。结合学校的课程建设推进发现，学生思维能力的培养并没有落到实处。一些教师重知识传授，重机械训练，课堂教学忽视学生自主思维创新，为中考升学率，教师不敢采用多样化的教学法来满足学生独立思考的需要。而学生为了在考试中得到好成绩，做得最多的事就是背公式，背定律、定理，对同一种计算题反复打磨，最终来达到考试得高分的效果。在这样的教学下，往往有一套定格的思维模式把学生的思维框定在机械的思维界域内，学生独立思考问题的能力也僵化了，日久天长就养成了思维的惰性和依赖性。在基础课堂中，学生有哪些思维发生与改进的表现，教师有哪些行为阻滞了学生思维的发展，如何有效培育学生的思维能力、引领教师加强思维培育意识，从而提升学校基础型课程的内涵品质是学校教育质量再提升的关键。

从 2013 年开始，三门中学关注学生思维发展，成立学校核心课题组开展专项研究，通过课题的研究主要解决这样三个问题：在校学生的思维现状是怎样的；怎样聚焦"思维培育"开展"课堂关键教学行为"的课堂观察；优化"课堂关键教学行为"以促进学生思维能力提升的方法和策略有哪些。

学校希望通过本课题的研究，明确学校在校学生的思维现状，制订具有学校学科特色的课堂观察量表，形成课堂观察基本模式，提炼培育学生思维能力的有效的"课堂关键教学行为"，提高教师专业能力，促进学校持续发展。我们的研究内容有三。一是学生思维现状调查研究。针对学校在"上海市中小学生学业质量绿色指标"测试中反映出来的中学生思维能力欠缺的现象，制订针对性问卷进行网络调研，对调研结果进行大数据分析，明确目前学生思维能力的状况，为课堂观察和教学行为改进提供依据和方向。二是聚焦思维培育的课堂观察模式研究。通过基于实证的定性与定量的评价研究，引导教师进一步理解课堂关键教学行为对学生思维能力培育的重要性，构建以培育学生思维能力为中心的观测量具和量表，研发课堂观察电子平台。三是有效培育学生思维能力的方法和策略研究。汇总课堂观察各类资源，进行分类和大数据分析，利用图表等形象直观地呈现效果，深入挖掘各分析结果之间的本质关联，寻找影响效果的课堂关键教学行为，提炼开展思维培育的有效方法和策略，形成有学科特色、可辐射可借鉴的经验和结论，最终形成科学的教学效果实证研究报告和教学反思案例。实现从传统课堂中一般思维的培养，走向对学生高阶思维能力的建构。

我们通过使用文献法、行动研究法、合作探究法以及经验总结法，在项目实施过程中不断观察、反思、调整行动计划。在实践中探索，在探索中创新，在创新中学习，在学习中总结，在总结中完善。通过实践、认识、再实践，不断进取、不断深化并走向成熟，最终完成项目的研究任务。（见下图）

课题组设计了"开课观察→评价调整→再开再观察→再议再修改"的"一日研修"模式。即学科教师"同课同构""同课异构"，同一个备课组内的不同教师在集体备课的基础上，对同一教学内容，采用相同或不同的方式进行执教。课堂观察者对不同的教师在相同教学环节下关注学生思维培育的不同的问

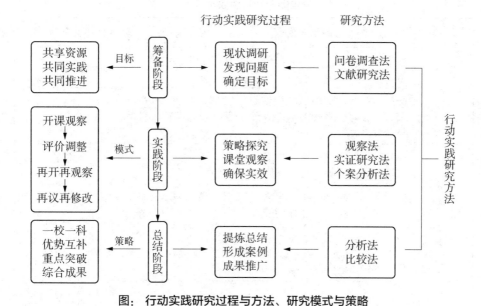

图: 行动实践研究过程与方法、研究模式与策略

题设计、互动方式、激励手段及学生的课堂表现等情况进行观察记录，课后根据观察进行梳理和比较分析，总结得出课堂思维培育有效策略。

学校在专家指导下联合集群学校共同围绕学科课程标准对学生思维能力的要求制订了调研方案，并在全体学生中开展了聚焦思维的网络问卷调研，之后由各学科进行汇总，汇总均已报告形式呈现，最后由学校形成《学生高层次思维现状调研综合报告》。调研的主要目的是了解集群成员校语文、数学、英语、物理和化学五门学科中学生思维的现状，通过数据分析学生实际思维中存在哪些问题，从而反映出教师教学行为中对培育学生思维有哪些非常好、哪些仍有不足。调研小报告中详细记录学校问卷的基本情况，如涉及学科、年级、发放与回收试卷的份数、问卷具体内容和答题选项占比情况、答题反映学生思维状态分析、在校学生思维存在的具体问题及其原因分析等。根据课题推进要求，每校根据思维调研情况提出 3 个主要思维能力的问题并进行针对性教学行为分析。（见下表）

表：思维能力针对性教学行为分析表

学科	思维考察点	思维薄弱点
语文	发散、形象、有序、主动、批判、思辨、递进、综合、灵活、严密	发散、严密、形象、思辨
数学	概括、发散、逻辑、数形结合、发散、反思、逆向、质疑、从特殊到一般、迁移、类比思想	质疑、发散、反思
英语	综合、主动、有序、思辨、灵活、批判、严密、发散	主动、综合、批判、发散
物理	概括、发散、理解、迁移、逻辑、综合、质疑、反思、归纳、推理	发散、质疑、反思、概括、归纳、理解
化学	概括、理解、发散、综合、逻辑、数形结合、择优、反思、逆向、质疑、联想、创新、批判、迁移	质疑、批判、发散、创新

　　我们根据调研分析结果，研发聚焦高阶思维培育，评价关键教学行为的课堂观察量表。所谓高阶思维，是指发生在较高认知水平层次上的心智活动或认知能力。它在教学目标分类中表现为分析、综合、评价和创造。高阶思维是高阶能力的核心，主要指创新能力、问题求解能力、决策力和批判性思维能力。高阶思维能力集中体现了知识时代对人才素质提出的新要求，是适应知识时代发展的关键能力。发展学习者高阶思维能力需要一系列教学设计假设和实践支撑。

　　为此，每学期学校组织集团、集群和联合体成员校学科教师开展一日研修活动，由上课两位教师共同备课，联校其他学科教师组成课堂观察小组，开展课前议课，进行任务分工。进入课堂开展教学实施，观察小组进行观课，收集相关证据。开展课后说课、评课，提出教学改进意见，授课教师进行教学反思；再进入课堂进行上述过程研究，提炼研修效果，发现一阶段推进中存在的问题与不足，同时积累不同学科创智课堂教学典型案例，初步形成基于核心素养导向下的高阶思维能力培育的关键教学策略。

我们通过课例分析，提炼以激发高阶思维为主要宗旨的教学策略，总结课堂教学艺术与思维培育的模式与方法，形成系列优质课、优秀课例，打造一批具有培养学生高阶思维能力的优秀教师。

首先，经过几年的努力，学生的高阶思维能力得到了提升。在思维型课堂中，发言的学生多了，学生参与探究的积极性提高了，他们能主动学习，会选择有效的学习方法，遇到问题不回避，而是创造性地解决问题，能举一反三，灵活运用原有的知识来解决新的问题，能大胆质疑别人的观点，自信、有创意地表达自己的观点。据项目前后调研，个体间学业成绩均衡指数从平均 6.3 提升到 7.3；高层次思维能力指数从平均 4.6 提升到 6.3；自信心指数从平均 5.6 提升到 6.7。学校每年组织学生开展"魅力数学小课题探究""化学达人赛""物理家庭微实验"等探究活动，大大提升了学生的探究能力。

其次，教师在日常教学中对学生进行思维培育的意识和能力得到了强化。学校一日研修课堂观察活动让教师们从"纸上读到"到"课堂上亲眼比较"，内心的触动是很大的。这种触动慢慢地内化到了教师们的日常教学中，他们开始用精心设计的课堂关键事件启发学生的思维，注重对学生思维支架的搭建，通过"问题开放发散思维""设计关键问题聚合思维""关注追问迁移思维"等策略，拓展了学生思维的宽度和深度，促进学生养成良好的思维习惯。根据"绿色指标"数据显示，学校学生对师生关系评价"较高"的比例提升 10％；对教师教学方式评价"较高"的比例提升 15％。

最后，教师的教学能力和课堂观察能力得到了提升。观察量表从最初的多而全到现在的更针对学生思维表现；观察报告从心中无底到现在的自信沉着，既有对课堂关键事件的关注，也有课堂数据的佐证；观察的重点不再只是教师，更多的是对学生的学习过程和思维表现的分析。更可贵的是，报告中有见地的建议和策略越来越多，以往听课关注的是"面"，现在课堂观察到"点"，切口的细小让教师看得更真、想得更深，建议也就越出彩，在小结、反思、提炼中，对课堂观察的理解越来越深入，教师的专业能力进步很快。

第一章

发散性思维：呈现扩散状态的思维模式

发散思维又称辐射思维、放射思维、扩散思维或求异思维，是指大脑在思维时呈现的一种扩散状态的思维模式，表现为思维视野广阔，思维呈现出多维发散状。可以用"一题多解""一事多写""一物多用"等方式，培养发散性思维能力。不少心理学家认为，发散性思维是创造性思维的核心特点，是测定创造力的主要指标。

第一节

鼓励学生多角度思考问题

事物具有多面性的特征，我们也应有与之相匹配的发散思维。就语文教学而言，在设定教学目标、确定教学方法，乃至设计各个教学环节的过程中，教师都应注意引导学生运用发散思维到更广阔的天地去探索新的知识、获取创造的能力。然而，根据前期学生调查问卷和笔者常年听课情况分析，发散思维的培养现状还是存在着种种不足，具体表现为以下方面：

1. 学生思维模式单一固化，发散思维亟待培养

纵观当前中学语文课堂教学，不难发现在升学考试的压力下，教育在某种程度上呈现"聚合固化"状态，扼杀了学生发散性思维的培养。

在某校对七、八年级学生思维现状的调查问卷中，有一道题是这样的："请指出下面四个选项中与其他三项不同的是（可多选）（　　）A. 孙悟空；B. 林冲；C. 小红帽；D. 诸葛亮。"该题并无标准答案，命题考察直指发散性思维。

在答案汇总中，我们发现该校 8.05％ 的学生选择 A 选项；6.04％ 选择 B 选项；85.91％选择 C 选项；没有学生选择 D 选项。该题是多选题，但从答题情况来看，很少有学生选择多个选项，而大部分学生对 C 选项的青睐也体现了他们在思维上更注重选项外在特征上的不同，很少考虑到选项内在特质上的差异。在作文指导教学的实践中，学生发散思维的不足表现尤甚。学生在有序的作文指导训练后一般综合写作能力会有较大提升，但细究却依然能看到不少问题，如：描写惯用套语导致语言生硬呆板、写作感点单一、升华没有层次等。这些现象的背后其实反映的是学生个人发散性思维的缺失。

2. 教师教学形式单一弱化，发散思维培养目的不清晰

人受已有的经验知识储备影响，在解决一些实际问题时，往往都会按固有的喜好倾向行事，这也导致了过去很多老教师会使用传统一贯制的教学模式——先读后教，教师单线信息输入，学生只接受信息不需要思考。这种教学模式带来的严重后果是显而易见的。在新课改的推动下，近年来越来越多的教师开始意识到发散思维培养的重要性。但可惜的是，对于不少教师而言，他们对培养学生发散思维的认知还只是停留在形式上，这样也就造成了当前中学课堂教学中一个非常尴尬的局面——"为思而思"。在很多语文课堂中，我们常常会看到这样的场景：在讲读完一篇文章后，教师请小组成员一起讨论一个与课文相关的问题，时间有余就多讨论一会，时间少就赶紧结束。讨论过程中，教师没有提供有效的学习支架，不少学生抓不住要领，在讨论时多是一脸茫然，只能当同组能力优秀学生的观众。课堂结束，教师似乎是完成了发散思维培养的任务，然而有多少学生能真正在课堂中提高发散思维能力呢？这个问题值得我们深思。这些现象出现的主要原因还是教师对发散思维培养的目的不明确。发散问题的选择、思考的时长、运用的有效思维支架都应与教学目的相挂钩，思维培养过程中策略使用错误会在很大程度上影响课堂教学效果，也会影响学生发散思维的掌握能力。

3. 缺少有效的发散思维能力评价机制

对学生发散思维能力的掌握程度，教师要及时作恰当指导和评价。"你思考得真棒！"等诸如此类的评价在课堂中耳熟能详。但这类评价语往往令学生只见

其表，不见其里，而至于"为什么老师表扬我思考得棒""棒在哪里"，学生是没有办法得知的。这种简单而笼统的评价模式，对学生来说是模棱两可的概念。学生无从"发力"，自然也只是一遍一遍地重复模仿着前一个同学的思维路径，无所突破，这样无效的发散思维培养是对课堂时间的白白耗费。

路径转向

要鼓励学生多角度、多方向思考问题

　　发散思维能激发学生强烈的创新意识，也能帮助学生建立表情达意的多种途径，抒发丰富的情感和独到的见解，对促进学生语文学科核心素养大有裨益。在课堂教学中，教师要结合课标要求、教学目标、学生实际等因素，搭建语文课堂发散思维成长的平台，引导学生自主学习、创造性学习，充分利用和激发学生的好奇心、求知欲，设法给学生提供积极思考、探索求异的机会，使教学过程成为学生主动探索的过程，促进发散思维的提升与发展。

一、巧设问题情境，鼓励多角度思考

　　培养学生的发散性思维，教师首先要利用好语文课堂这个主阵地。要始终摆正学生的主体位置，在教学中不但要巧设问题情境，而且要鼓励学生质疑问难，多角度、多方向思考问题。

　　如，沪教版语文七年级下册《敞开心之"声"——〈老北京的小胡同〉 环境描写在作文中的应用》一课的备课过程中，笔者留意到其中"叫卖声"的细节描写格外出彩，仅仅抓住了这种极富京味的典型声音，便将北京胡同里的生活活灵活现地展现在读者面前。这给了笔者启示：能不能将这种"在环境描写中巧用声音"的手法教授给学生，使他们作文中的描写不再呆板、乏味呢？

　　再结合"培养发散思维能力"与"合作学习"的融合这一主题，笔者的课堂设计理念由"发现问题""分析问题""解决问题"三部分组成。"发现问题"环节中出示学生习作共性问题，并让同伴作简要点评。这一过程中引导学生从写作手法、结构立意、句式运用乃至标点符号等不同角度进行点评，激发学生对"声音"细节描写的学习兴趣。"分析问题"环节，重读文本中与"叫卖声"相关的内容，结合细节描写要点，合作探讨该如何巧用"声音"对社会环境作生动的描写，引导学生运用发散思维思考归纳巧用"声音"进行描写的基本要点。最后，"解决问题"即"应用方法"环节，让学生根据思考的要点自行完成独立的语段创作，在组内交流后推选成员进行交流展示，请别组成员从发散思维的运用能力上进行打分，分享学习感悟。

教学过程中学生出示的问题和回答，教师要注意延迟判断，以免影响学生的思考。对于学生的回答，教师要认真分析其中有没有值得肯定的地方，并且加以正确的引导，耐心的解答，使学生的思路得以发展，在合作学习中使发散性思维得到充分训练。

二、 设置思维发散点，提供学习支架

培养学生的发散思维能力必须有一个客观事物作为发散点。在语文课堂中，教师的任务不仅是为学生传递知识，也应引导学生开展自主学习，成为学生开展学习的引路人。在教学生长点，教师可以适时为他们推送资料、提供学习支架，使学生能够自主地在思考学习中体验、感悟，在合作学习中提升发散思维能力。

以沪教版语文六年级下册《橘逾淮为枳》教学为例。文言文教学应采取学生适用的有效学习方式进行教学，既要"求活"又要"求实"。因此，在这节课的备课时，笔者尝试着眼于学生发散思维和自主学习能力的养成。学生活动体现自主性、合作性，教师活动重在激发思维性。在学习支持层面，贯彻了先学后教的理念。

整个课堂流程设计为：自主预习——导入新课——朗读疏通——设疑提问——品读总结——合作学习。学生课前熟读课文及《晏子使楚》等相关文章，了解晏子其人其事，疏通课文，圈画重点疑点，做好自学笔记，初步消除了阅读障碍，为课堂上的深度解读打下良好基石。课堂上提供发散思维的支架，以开放式的提问引导学生探究楚王人物形象，在与学生思考回答的互动中，从地理环境、历史背景、历代外交等多个角度逐步探索楚王的人物形象及其性格形

成原因，而学生也在探究楚王人物形象过程中总结出了把握人物形象的方法。在最后的合作环节中，小组成员通过合作讨论，归结出把握人物形象的不同思考路径，并运用课堂上总结出的方法把握住晏子的人物形象，初步掌握写人叙事类文体中人物形象分析的方法。

课后练习选用了《晏子春秋·内篇谏下第二》中的一篇文章，主要讲述了晏子用智慧劝谏齐景公不要滥杀无辜一事，这段晏子作为臣子与齐景公相处的情景刚好与课文外交场上的晏子形象互为补充。在题目设计中，笔者着眼于学生发散思维的进一步养成，设置"如果晏子穿越到了现在，成为中国'外交天团'中的一员，他会怎样应对近期美国的无礼挑衅"的提问，引导学生跳出思维框架，从课本入手全方面多角度地理解晏子的形象，提升发散思维能力。

三、 建立发散思维评价机制，关注过程性评价

对学生发散思维能力的掌握程度，教师应积极寻求评价内容与知识点的融合，把评价有机地渗透、附着于学习内容，使它们浑然一体。在学生发散思维能力的评价方面采取较为系统的表现性评价，帮助学生进行科学的能力评估。评价过程既要关注学生的朗读的成果，也要关注活动过程中他们的参与程度和表现情况。

如，可以采用如下核查表：

项目	评 价 内 容	等第（优、良、合格、需努力）		
		自评	互评	师评
参与程度	能积极举手参与课堂的思考环节，并能认真聆听他人回答，从多角度作出适当评价。			
合作能力	在小组学习中能团队协作完成既定的团队任务，并能对团队内成员的发言从新的角度进行正确评价。			

项目	评 价 内 容	等第 （优、良、合格、需努力）		
		自评	互评	师评
自主探究	在个人学习环节，能认真思考，有自己独特的文本理解。			
学习效果	在展示环节，自己的观点新颖，逻辑自洽，也能得到老师、同学的认可。			
学生感受				
教师评语				
家长评价				

评价表的设计中，不仅关注到了学生的自评、同伴的互评、教师的点评，也将家长的参与度融入了评价系统，增强了家校学生思维培养的合作教育。在引导学生进行自我评价、同伴互评的过程中，提倡教师要用发展的眼光适时地评价学生，给予肯定与鼓励，树立学生的自信。如果条件允许，可以为每一个学生做好档案袋，搭设交流展示平台，以促进学生认识自我、自主发展，全面提升发散思维能力。

古人云："风弄林叶，态无一同；月当流波，影有万变。"处在教学主导地位的语文教师应该不断更新教育观念，运用发散思维引导学生自由探索、灵活思考，用发散思维的广阔性、开放性，克服定势思维的负面，全面提升学生的语文学科核心素养。

（上海市二十五中学　陈晨）

第二节

引导学生敞开自己的心扉

问题聚焦

发散性思维表现不佳

在前期的研究中，我们发现在语文学科思维能力培养中，学生发散性思维的培养略显薄弱，这也导致学生在发散性思维方面表现不佳。新时代的教育要注重培养学生的创新意识和创新能力，语文教学要主动承担起这一责任，就必须拓宽学生的知识视野，夯实创新基础；改进语文教学方法，训练学生多角度的发散和创新思维能力。中学语文教学更应重视对学生进行发散思维能力的培养，在日常教学中要树立培养学生发散思维的正确理念。

路径转向

引导学生敞开自己的心扉

发散思维能力的训练和培养，是我们开发学生想象力和创造潜能的一种重要的方式。作为一名教师应想办法引导学生敞开自己的心扉、放飞自己的思路，大胆创新课堂教学模式，创设空间，采取多种学生感兴趣的形式，在语文教学中培养和训练学生的发散思维能力。

一、 把课堂交给学生，激发发散性思维

第斯多惠说过："教学的艺术不在于传授的本领，而在于鼓励、唤醒、鼓舞。"教师可以在"鼓励、唤醒、鼓舞"中培养学生的发散性思维。初中学生有了一定的感知水平，具体形象思维开始向抽象思维过渡，逻辑思维开始形成，正处于智力开发的黄金时期。他们都有一个共性：爱动脑、动手、钻研、思考和探索，愿意求新立异。教师可以充分利用这一点，把课堂交给学生，培养学生发散性思维的能力。比如：在教授元曲单元的《四块玉·别情》的时候，我大胆创新了课堂教学模式，把课堂交给学生。首先，鼓励学生以组为单位运用想象编写与本课相应的剧本，再由组长统筹所有剧本，编写本组的最终剧本，最后以组为单位上演话剧《四块玉·别情》。在当天的课堂上，每一小组的学生都作了精心准备，包括服装、道具以及配乐等，同时每一小组所编写的内容都有各自的创新点。在每组表演完后，我让其他组的同学进行点评，大家踊跃发言，思维也很活跃，整堂课学生的参与度很高，课标所要求的内容已经在潜移默化中得到了落实。课堂最后的十分钟，我对这首元曲所要完成的教学目标进行梳理，惊喜地发现所有教学重难点都得到了很好的落实，学生的发散性思维得到了很好的锻炼。

二、 在大胆的质疑中进行发散思维

思维时侧面多、角度多，是使人产生创造性和想象力的首要条件。同时怀疑，常常是创新的开始。朱熹曾说："读书无疑者，须教有疑，有疑者却要无疑，到这里方是长进。"我们在教学中鼓励学生多角度思考问题，对文本进行大胆质疑，从而提高学生发散性思维能力；可以利用课文中蕴涵的丰富信息，从标点不同处、词语重复处、段落精彩处等不同角度让学生提出质疑。如我在设计《外婆的手纹》一文的发散思维训练时，我问学生，文题《外婆的手纹》能否换成《外婆的手艺》呢？我让学生讨论，然后合理地回答。有的学生说不可以，因为手纹就有手艺的含义，有的同学说手纹是有温度的，它包含着外婆对我的爱，有的同学说手纹还暗含着外婆那种对生活对自然的热爱，面对苦难不

屈服的生活态度，有的同学说手纹还包含了我对外婆的怀念之情。在教授《我的叔叔于勒》这篇文章时，我鼓励学生大胆对于勒写给菲利浦夫妇的信展开质疑，学生在经过思考后，说出了该封信的许多疑点，比如：有的同学找出了于勒说自己将要去旅行，让菲利浦不要联系他；有的同学找出了于勒说自己发了财，却没有衣锦还乡；有的同学找到了于勒说他自己都不知道要多久才能回来等，这些回答无不体现着学生独立思考、深入读书的主动求知心理。教学中，鼓励学生大胆地突破陈规、标新立异、另辟蹊径，探索具有创新意识的回答，对学生发散性思维的训练极有益。

三、 在跨学科融合中激发发散性思维

　　语文学科是一个多彩的复杂世界，而不是课文的简单组合。我们所接触的课文，如果经过跨学科的融合，就可以让学生领略更丰富、更具体的内容，从而激发他们发散性思维的产生。在教授元曲单元的《水仙子·咏江南》时，我让学生用画笔勾勒出这首小令所展现的画面，并展开评比，学生通过对小令内容的理解并结合想象勾勒出一幅幅美妙的江南美景。课堂上，我让学生将评比出的最佳图画挂在相应的语句上面，学生对小令描述的画面一目了然，课堂最后的几分钟我让学生总结了整首小令，学生的发言非常精彩。在我们这样一所普通学校，学生能有如此精彩的表现，我们不得不对跨学科学习的魅力叫绝，也惊叹于这种跨学科的融合对学生发散性思维的锻炼。

（同济第二初级中学　程一飞）

第三节

给予学生足够的思考空间

仅关注教材内容，不注重话题的拓展

根据上海市中小学英语课程标准，学生通过英语学习和语言实践活动，要逐步掌握英语知识和技能，培养和提高语言综合运用能力，拓展视野，提高人文素养和科学素养，为终身学习和终身发展打下良好的基础。但目前就初中英语课堂教学情况来看，词汇教学方法教条、语法教学方法单一、阅读教学局限于教材等问题普遍存在。

1. 词汇教学方法教条

词汇是英语学习的起点，是理解和运用语言的基础，词汇对于语言的学习的重要性不言而喻。但在实际教学过程中，大部分教师不注重词汇的讲授，只教给学生单词的发音和释义，让学生去背诵默写；或忽略学情，将构词法的概念填鸭式地教给学生。教师自认为已经尽力教给学生方法与要点，但其实学生，尤其是低年级学生，受限于理解力与知识结构，无法准确理解或有效接受老师的方法，因而无法切实掌握所学词汇，更不用提拓展词汇量。

2. 语法教学方法单一

与单词、听说、阅读等教学内容相比，语法知识本身较为枯燥，学生难以提起兴趣。因而，语法教学对教师的教学方法有更高的要求。但在日常教学中，很多教师不能从学生的角度去设计语法教学，而是以语法知识讲解为中心，采取单向传递的教学方式、平铺直叙的教学方法，缺乏情境和交际的教学，教法陈旧，方式单一。

3. 阅读教学局限于教材

牛津英语上海版教材的编排采用螺旋式上升的模式：每一册教材围绕几个话题展开：低年级与高年级围绕相同或相似话题展开，但是在词汇、语法、思维训练等各方面难度逐步增加。但是教材受限于话题类别和篇幅，一个单元一般只有1—2篇课文，且围绕同一主题展开，部分教师仅仅着眼于教材内容，不注重话题的拓展，对学生而言，达不到良好的思维培育的目标。

路径转向

发散联想，拓展阅读广度

要帮助学生提高学习效率、提升能力、拓展思维，就需要在课堂教学中充分发挥想象思维的作用。具体而言，教师在教学中要结合教学内容与学情，给学生创设足够的空间，鼓励学生积极思考，探索新知；通过联想与想象，将前后知识、课内课外知识串联起来，融会贯通，促进能力的提升与思维的拓展。

一、 发散联想记忆，拓展词汇

对教师而言，词汇教学是语言教学的核心任务之一；对学生而言，词汇学习是语言学习的基础，学生只有掌握了一定量的词汇，才能顺利地进行英语听说读写。尤其是对于口语和写作，必须要有词汇的输入才能顺利，乃至有质量地输出。因此，在日常教学中，教师要有意识地引导学生拓展词汇量，帮助学生有效输入。那么，联想思维无疑是一种非常有效的工具。学生通过联想，由一个单词，联想到相关的其他很多单词，可以在有限时间内迅速获取大量词汇，提高学习的效率。

例如，牛津英语上海版 6B　M3U8 The typhoon 这一单元主要围绕"台风"这一主题展开：首先，通过"windy days"引入"台风"，随后通过一篇文章"*The typhoon*"详细介绍台风天人们能看到什么现象，最后写作部分要求学生写一篇作文——台风来临时，我们应该怎么做？学生在讨论"windy days"时，教师可以引导学生思考除了"windy days"，还能想到哪些天气（weather）？那么学生很容易联想到"rainy days，stormy days，cloudy days，sunny days，snowy days"等以前学过的词汇；教师可借此机会给学生拓展"foggy"（有雾的）这个新词汇。更进一步，在复习和拓展了常见的六种天气之后，再引导学生思考在这些天气状况下人们能看到什么，由此可以再次帮助学生复习以前学过的"rain，rainbow，storm，cloud，sun，snow"等单词，同时可以引入"blow，flash，flake，fog"等新单词，教会学生描述具体的天气现象。再次，让学生用适当的形容词描述不同天气，可以帮助学生继续联想到"clear，bright，dark"等词汇。"如何知道未来的天气状况呢？"通过提问引导学生深入思考，又可以学到新词汇"weather report，forecast，predict"等。由此可

发散联想记忆，拓展词汇

见，在教授新单词过程中，教师可以通过不断追问，充分激发学生的想象思维，引导学生将先前所学与当下所学词汇建立联系；同时，根据教学场景适时引入其他相关新词汇，激发学生的学习热情，帮助学生快速拓展词汇量。

二、 发散联想生活情境，准确运用语法

语言的最终目的在于沟通实践。语法能力是掌握语言知识体系的能力，是语言实践能力的前提。新课标明确指出"此次英语课程改革的重点就是要改变英语教学过分重视语法和词汇知识的讲解与传授、忽视对学生实际语言运用能力的培养的倾向"，换言之，新课标更加注重的是语法的功能，而不是规则与形式。在教学中，教师应创设语境，鼓励学生开展想象，通过生动的例子学会运用语法知识，增强学生运用英语进行交际的准确性。

例如，在 6B M2U5 What will I be like？这一单元，学生重点需要掌握情态动词（短语） have to 的用法。课文中提供了 I have to practise English and Maths more 和 I have to learn how to make sick people better 两个例子。结合本单元未来职业这一主题，教师可以鼓励学生思考"What would you like to be in the future？（你将来想从事什么职业？）、 What do you have to do？（你应怎么为实现自己的理想而努力？）"。通过给学生创设合理的情境，鼓励学生展开想象，幻想自己的未来职业，让学生在讲述的过程中使用 ... have to ... 这一句型。同时，为了增加学生的思维能动性，我们可以鼓励学生在其他同学发言时及时记录，再要求听的同学转换人称转述他人的职业理想以及做法，引导学生灵活转换情态动词的形式： ... has to ...，而不必拘泥于 have to 这个短语的中文解释，也不必要求学生机械地背诵短语的形式与变化规则。我们应该鼓励学生通过联想生活情境，在情境中使用句型，操练得多，自然就能熟练准确使用。

三、 发散联想生活经历，拓展阅读广度

以教师为中心的阅读教学往往把太多的时间和精力放在词汇、语法或句子结构的讲解上，而忽视阅读理解的本质；同时，仅仅着眼于教材本身，造成学生在课堂上被动学习，无法有效阅读、开阔眼界、拓展思维。教师应该树立全

局观念，放眼于整个初中阶段教材编排，甚至跳出教材，从话题（主题）本身去设计阅读教学，真正帮助学生拓展视野，提高人文素养。

例如，在 6B　M3U9 Sea water and rain water 这一单元，学生通过 The oceans 和 What will happen if there is no rain? 两篇文章对"海水"和"雨水"的重要性有了一定的了解。但如果我们放眼于整个牛津英语教材，会发现 7B 和 8B 教材还会继续讨论与"水"相关的话题，那么我们在教学设计的过程中就应该着眼全局，帮助学生做好衔接准备，引导学生结合自己的生活经验，思考"水"在人们日常工作和生活中的重要性，还可以给学生提供课外的文章阅读，帮助学生更好地理解"水"对于动植物、人类、自然界的意义。帮助学生实现从课本课文到整个话题的更广泛更深刻的理解，丰富学生的认知。

在英语教学中，联想思维可以帮助教师把课堂变得生动、有趣，激发学生的学习兴趣与热情，给予学生足够的思考空间，将学过的知识或者学习生活经历与当下所学相结合，帮助学生更好地理解新知识，锻炼学生思维能力。

（上海市三门中学　彭文丹）

第四节

将课堂教学无限延伸

课堂教学没有得到有效的延伸

英语教学的三要素是教师、学生和教学内容。教师的教学理念直接决定学生的学习方式和对教学内容的处理方式，决定着将学生培养成什么样的人才。如果教师本人缺乏发散思维品质，就极少采取发散思维教学模式去进行教学。

1. 教师课堂提问停留在寻找信息层面

阅读过后，教师会通过提问来进行检测或引导，有时看上去提问的数量很多，但如果仔细分类就会发现，经过简单信息检索就能找到答案的问题很多，与之相对的则是激发学生思维的提问太少或者没有，导致看似课堂很"满"，实则容量"不够"。

2. 学生对于文本的语境感知不够

教师在设计课堂教学时，往往会站在自身的角度看待问题，以自己的经历、阅历来判断学生的反馈。实则文本中的情境，学生可能不熟悉或者完全没有经历过。如果没有足够的铺垫或者让学生与文本构建联系，那么学生将无法理解阅读内容，更无从谈起发散思维的培养。

3. 课堂教学没有得到有效的延伸

对思维的培养，并不是某一堂课或者某一天就可以解决的问题。课堂中，教师会有意识地关注到提问、反馈的思维含量，也会引导学生独立思考。但是如果仅仅局限在课堂中，没有充分利用好"课堂后"的效应，最终只能收效甚微。

路径转向

将课堂教学无限延伸

我们必须转变教学观念，在阅读教学中通过精心的设计和有序的步骤，提升课堂的思维含量，并且使课后作业个性化，将课堂有效延伸，最终达到培养学生发散思维的目标。

一、 增加课堂的有效提问

课堂提问并不是越多越好，而是应当围绕着教学目标进行设计。要想培育学生的发散思维，教师在备课时自己应当"读懂"文本，了解文本可挖掘的内容。不同的文本，关注的侧重点不同，因而问题的设计必须与文本相匹配。同时教师还要根据学生的学情，制定与之适宜的目标。例如面对低年级的学生，不必刻意拔高文本的立意，只需要让学生在寻找信息后能够进行信息的筛选以及简单的分析即可。可以从"when""where""who"等问题，逐步引导至"how""why"等问题。而对于高年级学生，则可以引导学生层层深入，通过信息的分析、比对、推导等方式，得出自己的结论。我们可以引入"What's your opinion about ..." "What will happen？"等问题。

教师的课堂问题可以设计为完整的问题链，完成教学设计后，可以先自我检测，看一下通过问题链是否可以帮助学生最终达到独立思考、形成个人观点的目标。如果不影响学生的理解，对于教学也无帮助，可以删减无效问题。教师的提问对于学生而言是有导向性的，如果局限于文本信息的问题，学生就会倾向于在阅读的过程中"找"信息；如果在问题链的最后，学生能感受到问题与问题之间的逻辑，思维的层层递进，那么学生就会养成"多想一想"的习惯。

二、 加强学生与文本间的联系

初中学生不太能够理解抽象思维，对于自己不熟悉的话题也不会马上进行类比或者知识的迁移，这就导致如果遇到文本题材是较为新颖或者较为陌生的，学生会马上产生疏离感，对于理解文本也会有一定的畏难情绪。然而在阅读教学中，本身就包含了通过阅读去了解原本不了解的知识这一能力培养。在这种情况下，需要教师用各种方式减少学生对文本的疏离感，甚至为学生搭建起理解的桥梁。

以牛津上海版八年级下册 Unit 5 More Practice Scientist discovers a sixth sense 教学为例，材料为实验报告节选。实验报告对于八年级学生而言还是较为新鲜的事物，因而在课堂中增加了"做实验"的环节，让学生还原文本中的实验，然后回答问题"Do you agree to the results？""Does the experiment seem persuasive to you？ Explain your answer."" How would you modify the experiment？"学生在体验后得出的结论之一为"实验条件不同，得出的结论不能进行比较。文本中的实验是在安静无干扰的环境下开展的，而在教室里进行试验，被实验者受到了干扰，实验结果并非客观真实"。更进一步，学生得出观点"要对生活中的现象保持好奇心，也许这可以让我们接近科学的真相；对待科学，需要严谨的态度以及不厌其烦的探究精神"，诸如此类。

学生有限的经历致使他们在阅读中会遇到各种理解上的障碍，构建学生与文本的联系，可以帮助学生更好地感知、理解，文本也不再是枯燥的材料，学生也能够真正融入其中并开展独立思考。长期坚持此种方法，学生会养成知识迁移的习惯，也会通过阅读经验的积累，熟练解读各种文本。

三、 将课堂教学无限延伸

思维培育是无处不在的，并非局限于课堂内的 40 分钟。课堂中学生通过参与，能够一步步达到目标。然而这是在教师提供引导与帮助的前提下，最终学生需要达到的是独立完成这一过程。因而教师可以在每堂课的课后，要求学生进行自我总结，将课堂的每个步骤回顾一下。例如进行简单的思维导图，将如何达成最终结论的每一步思考罗列一下；或者写下课堂中印象最为深刻的环节，谈一谈为什么。通过回顾，学生能够慢慢"看"到自己的思维过程。当养成习惯后，学生能够从"跟随"到"模仿"，面对新的文本能够独立展开思考。

阅读的目的在于提升理解，透过文字，学生看到的是整个世界。提升理解，就需要大量的累积，学生只有在一次次阅读的实践中，才能不断获取新的知识，更好地感知世界、感知他人情感，因而课外阅读必不可少。但是在选择的过程中，要关注到学生的实际情况，不能太超过学生的认知水平，同时教师还要提供一定的辅助，让学生不仅仅是读，还能有所思考。可以多设计一些开放性问题，让不同的学生能够结合不同的经历，表达自己的合理观点。在可能的情况下，还要为学生提供交流的平台。例如对同一文本的不同理解，或者对同一问题的不同解答，在与同伴的交流中思维得到碰撞。

英语教学的过程中，语言只是载体，重要的是通过语言，我们传达给学生的是什么。真实的语境、切身的感受、思维的碰撞，学生在此过程中不仅学词汇和语法，还能感受到语言背后的知识、文化、人文等包罗万象的内容。在这一过程中，学生的思维呈螺旋式上升，具备抽象思维能力以及发现事物客观规律的能力。

（上海理工大学附属实验初级中学　卢怡）

第五节

在开放性问题中放飞思维

封闭式问题，封闭式反馈

　　不少教师不太关注问题的质量，提出的多是封闭式问题，学生机械作答，教师进行封闭式反馈。这虽然避免了课堂教学中的不确定性和无序性，但它是封闭的、缺乏生气和活力的课堂教学，在这里学生有回答问题的机会，却没有思维发散和探究创造的空间。课堂教学由"满堂灌"转变成了"满堂问"。学生在课堂上虽有形式上的主动和积极，却缺少实质的参与和体验。这种课堂教学还是在坚持思维方式的有序性和确定性，没有给不确定性和开放性留下空间，而一定程度的不确定性和开放性恰恰是课堂教学生成和学生创造性发挥的必要条件。

在开放性问题中放飞思维

　　问题开放是促进学生思维的重要策略之一。开放性问题具有条件的不完备性或答案的不确定性的基本特征，这一特征也决定了解决此类问题没有现成的套路和方法。解决问题时的思考方向有很大的不确定性，探求问题的多种可能需要学生全面观察、广泛联系，多方向、多角度、多层次地去思考。因此，问题开放是提升学生思维品质的有效方法。下面是我在上初三几何"锐角三角比的意义"的一个案例，我觉得对训练学生思维是很有好处的。

引入：你能用你已有的数学知识借助适当的测量工具测出校园国旗杆的高度吗？

学生很快就想出了利用物高和影长的关系来解决。这正是我要的方法，但我并没有停止而是继续追问。

追问：还有其他方法吗？

又有学生提出用测角仪在同一直线不同位置测量两次。这也是完全可以的，学完本课就能解释。

我认为要利用一切机会让学生独立面对问题，多给学生机会，学生才会给你惊喜，给你精彩的生成。若不相信学生，事事帮他们解决，学生的思维就得不到训练，久而久之就没了兴致，老师说什么就是什么。要引导学生多从不同的角度思考问题，训练他们思维的灵活性。

猜想：同一时刻旗杆与它的影长比等于你和你的影长比，假如我们都站在这一时刻的太阳下，每个人的身高与影长比和旗杆与它的影长比都相等吗？你有什么猜想？

学生交流后得出：对于一个直角三角形，若给定了它的一个锐角的大小，那么它的两条直角边的比值可能是一个定值。

验证：从特殊到一般。我又提了个开放性的问题：

B 点在 $30°$ 角的一边上运动，在这个过程中，哪些量是保持不变的？

学生思考得到：直角、30°角、60°角都不变。

还有线段的比也不变：

$$\frac{BC}{AC}、\frac{BC}{AB}、\frac{AC}{AB}.$$

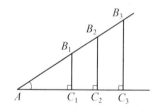

追问：很好！刚才你得到线段的比是无序的，若有序，则比会有几个？

学生很快讲出：六个。$\frac{BC}{AC}、\frac{BC}{AB}、\frac{AC}{AB}、\frac{AC}{BC}、\frac{AB}{BC}、\frac{AB}{AC}.$

鼓励：很好。本课只研究$\frac{BC}{AC}$、$\frac{AC}{BC}$这两个关于直角边的比，$\frac{BC}{AB}$、$\frac{AC}{AB}$明天课上研究，$\frac{AB}{BC}$、$\frac{AB}{AC}$到了高中我们再研究。

这里我比较关注训练学生思维的严密性，讲出所有的可能。而且我认为我们要为学生后续学习作好铺垫，也要激发学生继续学习的热情。

进而转化到40°，用几何画板验证，点在斜边上运动时两条直角边的比值一直是一个定值。再改变角到任意角，两条直角边的比值也随之改变。

学生得到结论：角度不变，比值不变。角度改变，比值改变。

证明：学生很快用相似证得。

定义：强调前提须在直角三角形中。定义了正切后，有一段有意思的对话：

师：大家观察一下这两个比是什么关系？

生：倒数。

师：那么正切的倒数叫什么呢？

生：倒切？反切？负切？

师：余切。这是由最早研究这两个比的人定义的，希望你们以后也有机会定义一些数学名称或定理。老师期待着这一天。

解释了两个新符号的读法和用法，随后概念辨析，接着做一组填空，其中第二题又是一个开放性的题目：

练习：在 Rt△ABC 中，$\angle ACB = 90°$，$CD \perp AB$，$\tan A =$ ___；$\tan B =$ ___。（写出尽可能多的线段比）

学生大多写了两个，激励他们进一步探究，终于通过等角找到第三个，并提示这是三角比计算中常用的策略。学生印象深刻。

运用：最后又设计了一组开放性的作图题，训练学生的作图能力和逆向思维能力。

（1）在如图所示的格点图中，请求出锐角 α 的正切、余切；

（2）如图，请你以射线 AB 为始边作锐角$\angle CAB$，使它的正切值为 $\dfrac{3}{4}$；

（3）以射线 AB 为始边任意作锐角$\angle DAB$，并求它的正切值；看一看谁画出的锐角正切值最大？

（4）你能写出 $\tan A$ 的取值范围吗？

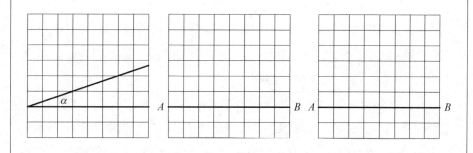

小结：在本节课中，我们……

学习了一个重要概念：_____（$\angle\,\alpha$ 的正切、余切）

经历了一个探究过程：＿＿＿＿＿＿＿＿＿（特殊到一般）

体现了一种数学思想：＿＿＿＿＿＿＿＿＿（数形结合）

体验到一种学习方法：＿＿＿＿＿＿＿＿＿（猜想—验证—证明—

定义—运用）

通过填空式的小结让学生对本课进行梳理，也让学生关注到知识点以外的思想方法。

开放式提问是指鼓励学生进行发散性思维的提问，面对教师提出的开放式问题，学生必须以自身的生活想象与生命体验做出全新的建构，而非局限在固有的程序或书本知识上。我认为开放式提问应该有以下特点：

第一，教师提出的问题有一定的发散性。在文科课程中，往往是答案多元化的问题，而从理科课程来看，则大都是虽然答案唯一，但达到答案的路径却是多元化的问题。

第二，教师提出的问题要符合学生的最近发展区。尽管问题要有一定的发散性和深刻性，但问题的空间过大，难度超过了学生的最近发展区，学生就无法生成新的资源或生成的资源质量较差，课堂教学就会陷入苍白或停滞的状态。

第三，教师提出的问题要给学生留出一定的思考空间。即教师所提问题不能过小，因为过小的问题一般思维路径较短，不会有多元的思考方式，因此，过于细化的问题一般不是开放式问题。

第四，教师提出的问题要能鼓励学生提出问题。开放式提问不仅要鼓励学生回答教师问题时进行发散式思维，同时还鼓励学生提出更多的问题，这有助于形成远比封闭式课堂教学师生线性互动更为复杂的网状师生、生生互动。

在开放的课堂教学中，教师不仅要能提出开放式问题，而且还应具有应对课堂教学不确定性的教学智慧，以及对学生课堂生成资源进行恰当点拨、梳理和提炼的能力，如此才能使课堂教学真正成为师生交流对话、相互交融、促进学生思维的过程。

（上海市三门中学　秦娟）

第二章

批判性思维：对知识与信念进行持续的省察

批判性思维又称审辩性思维，是一种与创造性思维并举的思维策略与技能，主要指对知识、信念进行能动的、持续的、精确的反思和省察，洞悉支持它的理由及指向的结论。也可以说，为选择信什么（知识、信念）和做什么而进行的合理的、反思性的思维。从某种意义上来说，它是一种审视自我、反思自我的能力。批判不等于批评和挑剔，因为批判同时也意味着清楚、真实、公平地看待某一事物。

第一节

标准答案的价值永远低于创造性答案

课堂缺少批判，便会毫无生机

在课堂教学中，教师往往只注重学生的理解状况，并不十分关心文本所包含的韵味和价值问题。无论教师采用何种教学方法，他最终关心的仍是学生是否理解了自己的讲授和解题思路，学生是否理解了文本中含义深刻的句子、文本的段落大意和人文思想等。而这些理解在教师的备课本上都预先存有一定的标准答案，渐渐地，学生认为凡出自教师之口、作者之笔的似乎都是金科玉律、不容置疑的。正是大部分师生之间的这种共识，使得教师很少引导学生对所学知识的准确性与价值导向进行思辨。长期以来形成的"唯书论""唯师论"，也使得大部分学生只会人云亦云，或者是"敢想不敢言"。一旦语文课堂中缺少批判，教学就会毫无生机，思维的火花就很难迸射出绚丽光芒。

因此，教师要发扬教学民主，鼓励学生向教材、向教师、向同学发问，表明自己不同的观点。用心创设一种学生敢于评论、批判的氛围，建立一种民主、平等的教学关系，从而使学生敢辩。培养学生不唯书、不唯师、只唯实的批判精神，鼓励学生善于用批判的眼光去看待遇到的一切事物，从而逐步养成批判性思维的能力，则显得尤为重要。

标准答案的价值永远低于自己的创造性答案

　　随着国内外学界对批判性思维研究的深入以及我国中学语文课程标准中对学生批判性思维能力的突出强调，对中学生进行批判性思维能力的培养已成为中学语文教学中一个重要的教学任务。批判性思维的内涵及特点丰富，在语文阅读教学中培养学生的"批判性"学习能力，有助于培养学生的创新能力。要鼓励学生向名家、权威和作家提出质疑，并大胆发表自己的异同观点，达到培养学生批判性思维能力的目的。那么，在新课程背景下，如何在语文课堂中培养学生的批判性思维呢？我们可以根据中学生的特点及语文课的学习特色，依托文本阅读教学来培养学生的批判性思维能力。

一、 鼓励学生向传统经典名篇挑战提出质疑

　　传统经典名篇博大精深，是中华民族文化的瑰宝，是我中华民族的骄傲，对它们前人已有许多定论。语文教师应该引导学生"批判性"地学习传统经典名篇，从而使学生突破传统定论，有所创新。学生有好奇心，因好奇而发问是求知欲的表现，是他对这门学科感兴趣的表现。虽然有些问题可能提得很幼稚，离题万里，但反映了学生知识、智力、能力的实际状况，清晰地呈现出学生的思维流向。对于学生课堂上的大胆质疑，教师必须学会准确判断，因势利导。如果教师轻率地否定学生提出的问题，势必会挫伤学生求知的积极性。如在教学《愚公移山》时，我发现学生对文中的一些问题提出了大胆的质疑，有的甚至很坦然地否定。有一学生质疑：本文的题目不够准确。既然是愚公移山，为什么文章的结尾却是夸娥氏二子移山，那题目还不如《神仙移山》好。一时之间许多学生也纷纷响应。根据原文的客观事实，愚公并没有真正移走"太行、王屋二山"，真正"移走"山的是夸娥氏二子，如果没有神的帮助，则愚公的愿望再美好，意志再坚强，恐怕也是空中楼阁。学生的说法不无道理，

事实上，愚公并没有真正战胜大自然，这似乎留给我们一个"神定胜天"的结局。然而教学参考书却这样说：愚公的精神感动了天帝，反衬出愚公精神能惊天地泣鬼神，从而说明了"人定胜天"的道理。我想，不必把这种观点强加给学生。从客观上讲，从原文无法找到能充分证明"人定胜天"的理由。学生能够尊重事实，尊重原文，这种积极的创造性的思维，不是没有一定的道理的，何必把学生全部限定在一个框架里呢？

二、 敢于向作者的观点提出质疑

有些文章，作者对自己写的人物很喜欢，大加赞美，但这些作者赞美的性格，却让人不能苟同。这就要求教师引导学生"批判性"地学习，提高学生的思辨能力。在教学中，教师应充分发挥主导作用，帮助学生问有质量的问题，有意识地营造"提问"的气氛。对于学生提出的问题，教师要从中发现其思维方法、分析问题的能力，以及学习中存在的不足，并及时地给予有针对性的指导。教师要根据学生的思维特点，揭示规律，为学生质疑问难引路，为学生积极的思维创造条件，培养学生的实践能力。如在讲授《孔乙己》一文时，我们可以这样引导学生："作为现代文学旗手的鲁迅，其作品的思想与技巧确有高人一筹之处，然而，有时又很令人费解，同学们在阅读《孔乙己》时，一定会发现一些难以理解的内容，现在不妨把它们提出来，让我们大家一起探讨一下。"于是，同学们就会提出以下问题：小说开头为什么介绍鲁镇酒店格局？"我"是鲁迅本人吗？作品写"我"的意义何在？孔乙己是"大约"还是"的确死了"？作者这样结尾，用意何在？《孔乙己》是一幕悲剧，然而全文没有一个"悲"字出现，贯穿全文的一个字是什么？作者这样安排线索用意何在？如何理解各种人对孔乙己的取笑？……这样，学生一旦发现问题，提出疑问，就会主动地思索、研究，不知不觉地提高实践能力。

三、 让学生大胆抒发感悟，是培养学生个性思维的前提

在教学中，我们要引导学生打破常规，发散思维，强调思考问题时要有高度的自主性、独我性，有鲜明的个性色彩、个性特长、个体优势的独立创见，不是人云亦云、步人后尘，而是多元化地寻找问题信息并个性化地予以表述。

运用这种思维方式，可以摆脱传统习惯的禁锢，突破常规束缚，提出新颖独特的见解，抒发自己的心声。因此，教师要善于发现学生的闪光点，唤醒学生的智慧潜能，激发学生的探求志向，鼓舞学生大胆发言，激励学生自尊自信，而思维的自我完善甚至灵感与创新的火花，将在自尊、自信的背后闪现。如，教学《我的叔叔于勒》一课，在归纳主题时，我让学生充分了解作者的生平及作者写作本文时的社会背景。学生通过想象和联想，会得出两种、三种甚至更多不同的看法。这时我因势利导，引导学生自己分析、探究，利用所学的知识寻找问题的答案，从而充分培养学生的语文扩散思维能力和个性思维能力。

以上所想的、所做的，只是我教书生涯中的"一滴水"而已。我们只是想让学生感叹：原来阅读还可这么学，标准答案的价值永远低于自己的创造性答案。

（上海市辽阳中学　李浪浪）

第二节

从怀疑的角度思考问题

质疑能力的缺失，导致"师云亦云"

笔者作为学校教研组长，组织学科教师对四个年级的学生思维现状做了问卷调查。根据本次调查结果，发现学生存在数学思维上的共性问题之一是质疑能力差。调研结果显示，导致学生质疑能力欠缺的原因如下。

1. 教师的教学观念

许多教师认为数学就是事实性结论的汇集，因而在教学中常常偏重于具体知识的传授，忽略了问题情境的创建和数学思维方法的渗透，忽视了对学生质疑能力的培养。

2. 教师的教学方法

教师喜欢把归纳好的解题技巧毫无保留地塞给学生，"注入式"的教学模式使学生始终处于弱势地位，缺少深刻的感悟与体验，缺乏实际的动手操作，因而很难使学生在理解的基础上产生自己的观点，导致不会自主地去发现问题、研究问题。

3. 教师的质疑观

教师对学生质疑问题的处理不当也是导致学生质疑能力欠缺的重要原因。教师权威过重，学生"担心自己提的问题太简单，会受到老师批评"是学生质疑前的常有顾虑，缺乏探讨质疑的教学氛围。

4. 教师的知识储备

教师知识储备的欠缺也影响着学生质疑能力的培养。如果教师对具体知识点的理解，仅仅停留在一个较低的认识水平，就无法适当地启发学生提出问题，也就无法培养学生的高层次思维。

转型路向

从怀疑的角度思考问题

如何培养质疑能力呢？教师应回归数学教育的本来面目，着眼于学生的长期利益，以发展学生的思维能力、培育理性精神为核心，改善自己的教学。

一、 创设开放和谐有序的学习环境

创新教育已成为教育改革的热点，在数学教育中开放性问题更是成为一个关注的亮点。因为数学开放性问题相对于传统的具有完备条件和确定答案的封闭题而言，其条件不完备，解法不唯一，答案不确定，在设问方式上要求学生进行多方面、多角度、多层次的探索，因而，其解答过程是一种程序的创造性。可以说，开放性问题是培养学生创新能力的很好的载体。课堂教学的开放题应当随着使用目的和对象的变化而改变，要根据学生原有的知识结构、能力情况、学习的心理等有针对性地选用。在概念、定理、公式教学课上选用的开放题要能充分体现概念、定理、公式的内涵或本质特征，例题、习题课上的开放题最好能以原题来改编，在专题教学课上注意选用具有一定系统性的开放题，而应用题教学课可以实际问题为背景来设计，在研究性学习中选择一些起点低、入口宽、拓展性强的开放题。

二、 给予更多思考的空间、发言的时间

学习主要是学生学到了什么，而不是教师今天具体教了什么，学习上，教师应该充分地认识到学生的主体地位。教师要通过正确引导促使学生主动地进行学习，同时教师也要给学生留出必要的思考的空间，让学生对自己的观点有个评判的过程，能够让学生得到一个思维锻炼和经验积累的机会，对教师提出的问题有一个自己的理解方式。让学生在独立思考和小组讨论中体验感觉到学习的趣味，提高学习的积极性。课堂上让学生做到"三尽量"。（1）新授知识能让学生观察、分析得出的，尽量让学生思考、总结，然后用比较完善的语言来组织，教师不能用自己的语言来取代学生任何想要表达的东西。（2）需要小组合作解决的问题，尽量大胆地放给学生，让学生感受到小组讨论的优越与快乐，同时也更多地得到表现自己的机会。（3）凡是需要学生配合教学的活动，尽量让学生参与尝试，让学生参与到教学中来。

三、 要关注学生思维过程的合理性

通过恰当的问题引领、把握学生思维捕捉生成性资源，例如：你是怎么想的？为什么要这样想？达到了什么目的？还有别的想法吗？教师通过问题的设置让学生逐步感悟，例如：（1）任何事实的得到应"多问原因"。数学这门学科有着很多术语和概念，还有一系列定理和规律，而这些都是有其来源的，所以，要让学生多多提问为什么。（2）"多找依据"。对于这一点，我们知道，在具体的数学教学过程中，要求学生学习一系列的公式和法则。所以，教师要鼓励学生大胆地对这些公式、定理以及法则等的依据进行质疑。（3）"多提观点"。毫无疑问，这一点就是要求学生能够从书本上的条条框框中走出来，能够对书本中的概念、定理以及公式等做出大胆的怀疑。（4）"多求异同"。也就是说教师应该不断地鼓励并启发学生对以往所学的很多概念或结论、定理等做出比较和分析，找出其中存在的相同点和不同点。

（上海市三门中学　曾英）

第三节

设计问题链引导深度思考

问题聚焦

缺乏对自己言论、观点、意见、行为等的反省

1. 不注重独立思考，轻易相信并重复权威的言论

这主要表现在平时的课堂发言、作文、集会讲话中所表达的基本上都是那些被认为正确、能公开言说的话语，很少表达自己的认识和看法。当然，我们不能简单地将这种现象都归结于这些初中学生不独立思考，上述情形得以产生的原因有很多，但不独立思考、轻信权威的确是其中的一个重要因素。

2. 在课堂学习中，不太主动提出问题

不太主动质疑，年级越高，主动提出问题的人数越少。课堂上提问、发言的也基本上是固定的少数几个学生，多数学生只是充当旁听者。

3. 缺乏对自己言论、观点、意见、行为等的反省

总是认为自己的主张和看法都是对的。这种情形在班级活动中、在课堂小组讨论中、在学生习作中都能看到。

转型路向

设计问题链帮助学生深度思考

一、 问题引导主动阅读

教师设计精巧的问题，在读前能把学生引入情境，激活学生已有的背景知识，激发学生探索知识和阅读的欲望，促使学生发展智力，充分地激发学生的思维活动，使学生通过独立思考获取知识，积极探索。智力活动的积极性得到充分调动，对发展学生的英语语言表达能力能起到极大作用。阅读前通过问题引导学生预测，比如利用学生已知的背景知识，引导学生关注标题、副标题、插画、图表等预测。激发学生能将已知的与未知的建立联系，让学生做好主动阅读的准备，运用问题引导他们主动思考。

二、 问题链引发独立思考

阅读中，教师应通过问题去指导学生从上下文理解、查找、佐证及预测。引导学生对文本进行深层次的理解、推理探究。同时也要结合语篇主线，通过问题引导学生，梳理脉络，深层理解。为了更好地帮助学生深层理解，设置问题链是一个有效的方法。"问题链"是指一组紧扣教学内容和目标，有中心、有重点，面、线兼顾，有一定层次结构，既相对独立又相互关联的问题组。它的引入既可以保证整个教学过程的完整性和连贯性，又能在不同问题的创设和引导下，让各个层次的学生在阅读文本的基础上回答各种难易不同的问题，并且在连续不断的问题引领下，思维不断提升，兴趣日渐浓厚。虽然这对教师提问提出了很高的要求，但提供给学生的参与机会明显增多了，进而提高了整个阅读教学的完整性和有效性。

英语牛津教材 9B《渔夫与金鱼的故事》一文，在帮助学生理解时，可设计以下这些问题： How many wishes did his wife make? What were they? How did her life changed when the wishes were granted? Where did they live at first? What leads to the result? （Imagine） What did the fisherman say each time he made the wish? What was the fish's attitude? What would the fish say to comfort him? How did the fisherman say this word? Why did he should loudly? Why was he afraid the fish couldn't hear him? What happened to the weather? What was the fish's response? How did the feel at that time? Who was the fish disappointed in? Why was he very weak? What was he like at first? How did the writer show the fish's anger and disappointment?

通过针对"愿望"与"改变"进行提问,帮助学生理解文本,从大问题到小问题,从表象到深层次的问题,不断引发学生思考,特别还让学生想象,渔夫在许愿时会对金鱼说什么?这需要学生在理解的基础上进行表达,要合情合理,基于文本又要跳出文本,这些问题很好地帮助学生搭建了思维的途径。由于冲突的激化通过渔夫之妻的愿望膨胀和代表金鱼情绪的海面气候变化展现,所以抓住这两条脉络就能帮助学生理解和品味故事。而对于天气的提问更能引导学生理解并自己去发现文学作品中的"暗线"。从本文的内容来看,故事通过渔夫之妻的结局向读者警示贪婪的下场,寓意明显。通过问题引导学生对人物进行分析。

三、 开放性问题激发思维潜能

读后要设计开放性问题,超越文本,让学生有反思、批判和创新的机会。利用拓展性问题让学生形成正确的解决问题的意识、方法和能力。《渔夫与金鱼的故事》一文中通过"What do you think of the fish? What have you learned?"两个开放性的问题引导学生深度理解文本、感悟文本并交流分享,真正地与文本互动,体验品读的乐趣,从而更好地激发学生的批判性思维。

(上海理工大学附属实验初级中学 汪莺)

第四节

在充分理解的基础上批判

对现象缺少深度认识，无疑可质

通过一系列调查问卷以及课堂研究发现，学生在物理课堂中质疑困难的原因主要有以下几点：

1. 基础知识不牢固、基本概念不清

有的学生学习物理还只停留在"一知半解"上，对物理概念、规律没有进行深入思考和透彻理解，无法把发现的现象和相关的知识点联系起来并提出质疑。像这样的学生在学习上常常是没什么问题可提，或者只能提一些很简单、很肤浅的问题。

2. 学生自身心理素质问题

胆小、见识少、性格内向的学生不善于与人交流，他们害怕所提问题太简单而被人嘲笑，因此，虽然有问但不敢质疑，宁愿将问题闷在心里，不肯向老师或同学提问。

3. 思维习惯较差

质疑的过程是一个创造性思维过程，有的学生习惯于接受已有的现象和事

实，缺乏敏锐的洞察力，懒于把已有的现象和其他知识联系起来进行思考，所以提不出什么问题。

4. 教师的教学方式存在问题

部分物理教师不敢放开时间让学生发问，害怕学生提出与教学重难点无关的问题，影响教学进度。老师往往设计"钓鱼"式问题，让学生能顺着自己的思路把想要表达的东西演练出来即可，从而压抑了学生质疑能力的发展。另外，过于严厉的老师常常使学生望而生畏，让学生不敢向他提出问题；还有些物理老师嫌学生提出问题太过简单而不以为然，回答时不耐烦，这种答疑的态度容易伤了学生的自尊，甚至会使学生产生自卑心理，这样，学生以后再也不会质疑了。

转型路向

在充分理解的基础上质疑

根据以上学生不会质疑的原因分析，我们可以从以下几个方面来培养学生。

一、 培养学生从生活现象中发现问题

从生活走向物理，从物理走向生活，我们会发现生活中与物理知识有关的现象到处都是，只要留心观察，大胆质疑，我们就会有所收获。例如：为什么刹车时人会向前倒？启动时人为什么会向后仰？这都是由于惯性而产生的结果……生活中的物理现象还有很多，只要我们老师善于引导学生，激励学生去发现问题，及时回答他们提出的问题，采取各种鼓励的形式，激发他们的学习兴趣，让他们不断提出问题，进而对问题进行探究，不断提高他们的质疑能力。

二、 培养学生从事物的对立面提出质疑

在日常教学中，我们主要是根据学生所观察到的生活现象或实验现象进行猜想假设，实际上有很多科学家是根据看到的现象进行逆向思维，比如：在奥

斯特发现电流周围存在磁场后，法拉第就提出疑问，电可以产生磁，那磁可以生电吗？有时，就是这样一种逆向的思维，可以带给你一片新的天地。有时，我们也会发现这样一种思维方式还可以使问题简单化，我们在解决问题时，有时从结论倒推也是一种好方法。

三、 培养学生从实验现象中提出质疑

在分组实验或者演示实验中，不管是"验证"实验还是"探究"实验，都有许多现象可以让学生从中提出质疑。一些看似不重要的实验现象，里面很可能蕴藏着深远的物理内涵，我们要引导学生提出创造性的问题。

例如：在讲"牛顿第一定律"时，先问："任何物体都受到力的作用，物体如果不受力会怎么样？"在引发学生主动思考的情况下，再进行小车从斜面上下滑的演示实验。在实验中继续设疑："如果木板表面比较光滑，小车如何运动？……假若木板绝对光滑，小车又会怎样运动？"学生在阶梯式的设疑启发下，深入思考，得出正确的结论。随后教师话锋一转，提出牛顿第一定律是通过什么方式得出的，从而引导学生了解牛顿第一定律导出的抽象过程。通过层层设疑，使学生的思维活动由表层逐渐转入深层，培养了学生思维的深刻性。

（上海市二十五中学　陆靖雯）

第五节

设置思维困境　培养批判性思维

不能深入理解物理概念和规律的本质

目前，物理课堂上，大部分学生对于新知识只是被动地接受，对新知识的认识只停留在表面，并没有经过思维的加工，不能深入理解物理概念和规律的本质，遇到问题时缺乏对问题进行独立思考与分析的能力，陷入"一学就会，一用就错，一放就忘"的困境。究其原因，首先，从教师角度来看，面对中考成绩的要求，课堂上教师更注重完成授课内容，对学生的培养重知识、轻能力，缺乏对于思维能力的提升，对批判性思维的训练更是缺乏；其次，从学生角度而言，受到传统教育模式的影响，学生习惯于填鸭式教育，缺乏独立思考、提出猜想与质疑的动力，往往是教师教什么，自己学什么，被动地进行学习。

转型路向

设置思维困境　培养批判性思维

正所谓"学而不思则罔，思而不学则殆"，学与思一直都是不可分割的一个整体，在教学过程中，要通过举例说明、创造情境、正确引导等多种手段，让学生认识到批判性思维的重要性，从而有意识地应用批判性思维来解决学习过程中遇到的问题，提高学生批判性思维的能力。

一、 认识批判性思维的重要性

物理学的发展过程中，很多规律并不是被直接发现的，那些错误的观点都是经过了科学家们不断地思考、发现问题，提出猜想并实验，最后成为我们现在所熟知的定理。在课堂教学中，教师要让学生充分认识到科学规律建立过程中所遇到的种种困难，明白科学家们是如何不迷信权威，最终通过理论推导和实验验证得到正确的物理规律，让学生感受到批判性思维在物理规律的发现中起到的重要作用。以《牛顿第一定律》为例，在课堂教学中，学生要知道伽利略是如何发现问题，并敢于对当时权威的亚里士多德理论提出质疑，最终伽利略通过理想斜面实验验证了"力不是维持物体运动状态的原因"，为牛顿第一定律的建立奠定了基础。《原子》一课中，提到了三种原子模型，卢瑟福作为汤姆生的学生，他没有迷信权威，在经过大量的实验和理论分析后，推翻了汤姆生提出的"葡萄干蛋糕模型"，建立了"行星模型"，为科学发展做出了巨大贡献。学生要提高批判性思维，首先要明白什么是批判性思维，它在物理发展中起到过什么作用，利用鲜活的科学史增强学生对于批判性思维的认识，从而明白批判性思维对于科学发展所起到的重要作用，让学生在学习物理知识的同时，也学习科学家的质疑精神。

二、 营造思维困境

随着教育改革的不断深化，对于学生综合素质的要求在逐步提升，思维能力就是衡量一个学生的重要标志。教师要优化教学设计，在课堂中创设情境，营造思维困境，启发学生进行思考，鼓励学生提出问题，来培养学生的批判性思维。以《运动和力》中的"机械运动"一节为例，生活中对于物体运动或静止的判断会让有些学生认为行驶中的车一定是运动的，但在物理学中选择的参照物不同，研究对象是运动还是静止可能不同。在教学过程中，首先请同学观察课本中的图片，根据船和岸上建筑物之间的位置关系，归纳得出机械运动的概念，了解一切物体都在运动，并根据机械运动的概念，知道研究对象和参照物的选取。对于前概念带来的影响，情境创设：男生和女生分别坐在火车的两边，两人通过观察车外景象作出判断，女生说火车终于动起来了，男生说火车根本就没动，还停在站台上，让学生判断两人的说法是否正确。由于生活经验的影响，学生会陷入困境，但结合本节课所学，物体的运动和静止取决于所选的参照物，根据图片中两人前后两次看到的窗外的景象，意识到两人所选参照物不同，因此得到的结论虽然不同，但都是正确的。最后将物理回归生活，了解运动的相对性在生活中的应用。

在课堂中创设情境，营造思维困境，让学生抱有质疑的态度，通过合作学习、讨论交流等方式来打破原有的错误观点，从而在获取新知识的同时培养学生的批判性思维，构建起具有极强逻辑性的思辨式的物理课堂。

运动和静止的相对性

三、 引导学生各抒己见

批判性思维要求学生对事物提出质疑，进而利用逻辑推理将其解决，因此提出质疑是学生进行思辨的前提。在教学中，要引导学生大胆发言，敢于提出自己的猜想、质疑别人的猜想，引起思维冲突，在思维过程中将问题解决。以《惯性》为例，在探究影响惯性大小的因素时，根据生活经验，学生往往会有两种答案：质量和速度。教师不必急着下结论，可以为学生提供解释自己立场的机会，给学生充分的时间去进行思考并提出质疑，引导学生提出假设：惯性和速度有关，进而得到推论：速度越小，惯性越小，速度为零，惯性为零，这时会发现得到的推论与课上所学的"一切物体都有惯性"的结论相矛盾，因此惯性与速度无关。通过前期的讨论、思考，让学生对知识点更融会贯通，同时也培养了学生的批判性思维。

（上海市辽阳中学　陈舟）

第六节

创设主动质疑的课堂氛围

学生有疑不敢提

受应试教育和传统教育思想的影响，学生长于求同思维而短于求异思维。教师过多地关注答题能力的训练，而忽视了对学生质疑能力的培养。正如诺贝尔奖获得者李政道先生在复旦大学演讲时所说，"中国古代讲究做'学问'，而现在的学生只会做'学答'"。造成学生质疑能力薄弱的原因有三个方面：

1. 学生有疑不敢提

学生在学习过程中，一定有懂得不透或完全不懂的问题，有的比较浅显，有的较为深刻，但不敢质疑，顾虑重重。一怕提出的问题词不达意或出现错误，被同学和老师嘲笑；二怕提出问题太简单或与课堂教学联系不大，被老师和同学认为知识太浅薄；三怕打断老师的教学思路和计划，被老师拒绝回答；四怕提出的问题超出教学要求让老师一时难以回答，造成尴尬。

2. 学生没有机会质疑

受应试教学的影响，教师为了赶教学进度，为了迎合"标准答案"，通常课堂纪律严格，上课采用简单粗暴的"填鸭式"教学方法，几乎不给学生思考的时间和空间。长此以往，教师有意或无意地压抑了学生好问的天性，造成了学生有疑不敢质、无问题可问的被动局面，严重压抑了学生学习的主动性和创造性，让学生成了储存知识的容器。

3. 学生不知道如何提问

在现实的课堂教学中，提问权往往被老师掌握，学生一直处于回答老师事先设计好的各种问题的被动状态和地位，最终形成了机械的应答性行为。有些学生对学习有着浓厚兴趣，对一些现象和理论也想提出自己的想法和意见，但缺乏相关的语言表达能力与思维方法。比如，有时想要提出问题但不知道怎么问，有时发现了材料中的问题，但提出的问题却与所学知识联系不紧密，或与自己所想无法准确地吻合。

路径转向

创设实验情景　激发学生主动质疑

一、增强学生质疑的勇气

在新一轮基础教育改革中，教师要进一步转变教育思想，把提升学生的学习能力和综合素养放在教学的首位。教学不仅是理智的活动，更是理智与情感两种活动的交织。教学过程既是技能的传授过程，又是师生情感的交流过程。所以，教师应摒弃"师道尊严"的传统观念，建立民主、平等的师生关系，热爱、尊重学生，以学生的发展为本，引导学生不仅要重视学习的结果，更要重视学习过程。鼓励学生在课堂学习中参与知识的形成过程，并经过深入思考不断地提出问题。让学生敢想、敢说、敢问，生动、活泼、主动地学习。因此，对于学习成绩差、生性胆怯、不善言谈、提出问题过于简单的同学，教师切记不可挖苦讽刺，而是要鼓励，要有耐心，以免给学生造成心理障碍，影响其学习的积极性；对那些成绩好、问题多且质量高的同学，要给予表扬，并作为典型号召大家向他们学习，以带动其他学生不断地提问。

二、引导学生主动质疑

化学是一门以实验为基础的自然科学，实验教学具有丰富的素质教育功能。在化学实验教学中，教师要创设一个有利于学生发现问题、提出问题的情景，促使学生已有知识与未有知识产生激烈冲突，使学生意识产生矛盾，从而激发学生发现问题、探究问题的欲望，产生问题意识，提出有价值的问题。

如为了提高学生对化学反应条件和化学用量的深刻认识，在复习氧化铜制备氢氧化铜的知识点时，增加了学生实验：第一步取少量氧化铜放在试管中，第二步加入适量的稀硫酸，第三步加热，第四步待试管冷却后，向试管中加入足量的氢氧化钠溶液。学生非常激动地动手实验，但实验结果却并不如意。实验结果出现了四种情况：一些学生实验成功，制成了蓝色沉淀氢氧化铜；一些学生向试管中滴加氢氧化钠溶液，但始终得不到氢氧化铜；一些学生的试管的上层溶液中出现了黑色固体；一些学生的试管的底部留有黑色固体。同样的实验药品、同样的实验步骤、同样的化学原理，为什么会呈现四种结果？

学生非常迷惘，提出问题：①为什么试管中始终生成不了氢氧化铜？②为什么试管的上层溶液中产生黑色固体？这黑色固体是什么物质？③为什么试管底部残留黑色固体？这黑色固体又是什么物质？对此情况，老师并没有着急给出答案，而是给予学生宽裕的时间展开讨论。最终学生找到了答案。一是做氧化铜与稀硫酸实验时加入了过量的硫酸，导致加入的氢氧化钠被硫酸反应完了，无法与硫酸铜反应产生沉淀。二是给氧化铜与稀硫酸反应加热时温度过高，且没有等试管冷却就加入氢氧化钠溶液，导致生成的氢氧化铜受热分解生成了氧化铜。三是氧化铜加入的量过多，加入的硫酸无法将它反应完，导致试管底部留有黑色粉末。老师对学生的精彩分析给以肯定和表扬。

分析了实验失败的原因，紧接着学生又提出新的问题："制取氢氧化铜这样复杂，怎样做实验才能保证一定制成氢氧化铜呢？"老师同样没有直接给出答案，而是把问题直接交给学生，让他们再次展开讨论，提出方案，最后师生一起确定方案，然后学生做实验，体验成功的喜悦和幸福感。

化学是一门以实验为基础的学科，实验中经常会有"异常"现象的发生，对此现象进行展开教学，能够很好地激发和保持学生主动质疑的兴趣，同时又培养了学生尊重实验事实的科学态度。

三、 培养学生质疑能力

解题是教学的重要环节。教师运用开放性问题，设置问题变式反思过程与方法，使学生不断提出新的更深层次的疑问，从而培养思维的创新性与批判性。发散性思维是创新思维的重要组成部分，开放性问题是培养学生发散性思维的好素材，重视开放性问题的教学，有利于学生创新意识和质疑能力的培养。

中和反应是历年来中考的必考内容，它是酸、碱、盐部分的核心内容，在教材中起着承前启后的作用。而探究中和反应的发生是其中的难点，常常考察学生的自主学习能力、创造性学习能力以及实验探究性学习能力，是学生学习中最薄弱的环节。针对这种情况，在初三化学总复习时，设计了一节证明中和反应发生的习题课。

教学片段

师： 将氢氧化钠溶液滴入盐酸中观察不到明显现象？它们发生化学反应了吗？

生： 发生了。

师： 如何证明它们发生了反应？

生： 测量反应前后溶液的温度，或者使用酚酞试液、石蕊试液及 pH 试纸检测反应前后溶液的酸碱性判断它们是否发生反应。

师： 很好。这是教材中使用的方法，除此之外，你们还有其他方法吗？大家分小组讨论，设计方案，然后指定一人回答，其他组成员补充。

生： 我们的方法是向氢氧化钠和盐酸反应后的溶液中加入锌片，如果锌片表面没有气泡产生，就说明溶液中没有盐酸，证明氢氧化钠

和盐酸发生了中和反应。

生：我不完全同意他的观点，如果锌片加进去，有气泡产生，既可能是反应后盐酸剩余，也可能是未发生反应，就不能确定氢氧化钠和盐酸是否发生了中和反应。

师：我赞同两位同学的观点。如果实验时遇到加入锌片出现气泡这种情况，就要另辟方法。

生：向溶液中加入锌片出现气泡，说明盐酸过量。所以我的方法是向氢氧化钠和盐酸混合后的溶液中滴加硫酸铜溶液，如果观察不到有蓝色沉淀生成，说明溶液中没有氢氧化钠，就能证明氢氧化钠和盐酸发生了化学反应。

师：回答精彩，给予点赞。

师：刚才这两位同学的方法有什么共同之处吗？

生：都是通过检验反应物的减少来证明反应发生。

师：很好。除了加入锌片和硫酸铜溶液这两种方法，还有其他的方法吗？

生：可以在氢氧化钠过量的情况下，加入碳酸钠溶液、氧化铜、氢氧化铜，检验盐酸的存在判断反应的发生。

师：很好。你们用的都是检验反应物的减少的方法。能不能用检验生成物的方法？

生：选用硝酸银溶液检验生成物氯化钠。

生：不对，盐酸和硝酸银也会反应产生白色沉淀。

生：能不能用无水硫酸铜证明水的方法判断反应的发生？

生（大笑）：不行，氢氧化钠溶液和稀盐酸中都含有水，无法证明。

生：能不能除去它们的水分，用干燥的氢氧化钠固体和氯化氢气体反应，用无水硫酸铜检验生成的水呢？

师：很好，敢于想象，有创新精神，希望同学们向他学习。这个实验条件比较复杂，下面参照图片介绍无水醋酸和氢氧化钠固体反应的实验步骤及实验现象。

总结：判断氢氧化钠溶液和盐酸发生中和反应的方法。

通过这节课的学习，组织学生设计方案、讨论、分析、归纳总结出所有探究中和反应发生的方法、思想，加深了学生对知识的理解，提高了学生的质疑能力和思维能力。

总之，培养学生质疑能力的方法多种多样，每个教师都有自己的方法。教师应该在教学中多观察、多总结、多学习，重视对学生质疑能力的培养，才有助于提高学生的质疑能力和创新思维。

（上海市三门中学　汪成花）

第七节

从质疑和发现新问题开始

坐等老师的"投喂"

对问题提出质疑是数学教学中常用的一种教学模式，它有利于解决数学学科基础概念的形成和概念的同化，进而解决抽象思维向逻辑思维的转化。但目前就初中数学课堂教学情况来看，对学生质疑能力的培养存在着"学生的学"和"老师的教"两大方面的问题。

学生不会预习，不会自学，坐等老师的"投喂"。怕自己提出的问题毫无价值而被人瞧不起，总之就是一个"怕"字，让大部分学生对老师教授的问题不敢质疑，哪怕有很多想法、很好的思路也不敢表达。课堂气氛不活跃、沉闷，导致学生没有质疑求异的兴趣。

老师在上课过程中，总是担心如果让学生多质疑、多提问、多探究，就不能完成教学进度，不敢把时间放手给学生，执着于赶教学进度，尤其是对概念教学，往往进行"填鸭式"教学，导致学生对概念教学往往是知其然而不知其所以然。

在高效课堂教学中，大都是教师问得多学生问得少，学生只有沿着教师所展示的思路解答问题，根本没有表达自己的思想和质疑问题的愿望。质疑能力是培养孩子创造力的先决条件，是学生发展的关键所在！所以说不会质疑的孩子，就不会有创造！只会模仿是教育的最大弊端，从教育的政策、教育的实施者，还有受教育的个体，都应有质疑的思维方式！希望课堂教育能够真正地改革！以人的发展为本，才会尊重会质疑的孩子，才可能培养出有创造力的孩子！所以鼓励学生大胆质疑势在必行。

转型路向

创造性思维活动总是从质疑和发现开始的

古人云："学源于思，思源于疑。"陶行知先生也有句名言："发明千千万，起点是一问。"学生获取知识的过程，实际上是一个不断提出问题，又不断通过各种途径使问题得以解决的过程。质疑最能调动学生学习、思索、答问的积极性，质疑求异是探索新知识的不竭之源。

一、 在倡导质疑中培养学生的抽象思维

每当学习一个新的概念、法则、定理和方法的时候，倡导学生尽可能多地问几个为什么，深入地分析、思考新知识产生的背景和理由是什么，它们反映了哪一类事物的本质属性，它们是怎样从原有知识发展而来，又和原有知识有什么样的联系，它们成立的条件如何，等等。尽管解答这些问题可能并没有创造什么新知，但对于学生来讲却是全新的，可以很好地启发学生的抽象思维。任何创造性思维活动都是从质疑和发现、提出新问题开始的。

比如在讲角的平分线的性质定理的逆命题是否为真命题的时候，老师可以先提问：角平分线的性质定理的逆命题是什么？

生答：到角两边距离相等的点在这个角的平分线上。

或答：在一个角的内部（包括顶点）和角两边距离相等的点在这个角的平分线上。

不管哪种回答，老师都可以追问：这是个真命题吗？为什么？你能画出符

合条件的图形吗？在这个环节，老师可以先抛出问题，让学生进行讨论，提出质疑，尤其是对于学生的第二种回答，学生可以质疑：那个学生是怎么发现这个多出的条件呢？是根据什么得出的呢？学生讨论到此，老师可以抛出点到射线的距离的定义。当学生清楚了点到射线的距离的定理以后，老师鼓励学生互相大胆质疑，在平面上能否找到所有符合条件的点，使它到 OA、OB 的距离相等？这个点在不在角的平分线上？老师在此处可以引导学生质疑：那你能说这个命题就是真命题了吗？你是否找到所有符合条件的点？你找过所有地方吗？你找到了不在角平分线上但也符合命题的条件的点了吗？那说明这个命题是真命题还是假命题？到此这个环节质疑结束，我想经过这样一步步地质疑，学生对这个知识点有了很好的理解，记忆也将更加深刻。

二、 在解题过程中培养学生的质疑能力

著名物理学家李政道对此也有精辟的阐述："我国历来研究做学问，可是现在的教学只是做'学答'。"课堂只讲现成的答案，练习题也只是重复已有的答案，从不要求学生"问"问题。比如在讲解解分式方程的时候，应该让学生学会质疑，为什么要去分母化整式方程，目的是什么；解分式方程时为什么会产生增根，产生增根的原因是什么。教师应帮助学生学会提问，包括练习题、思考题，提出课本乃至人类尚未解决的问题，这就是"创新"。现在的课堂中，缺少培养学生问题意识的老师，也就缺少敢于向教材质疑的学生。一般的学者认为，学生积极提问，既可以锻炼其思维能力，而且在发问的基础上让学生探讨有关问题的答案，也可以培养其自主学习、主动探索的精神，对学生创造力的培养十分有效。因而，教学中要鼓励学生多提问题，多多质疑自己不懂不会的问题，创设民主、平等、和谐的气氛。

三、 在实践中培养学生的质疑能力

在实践中培养学生的质疑能力，这对于概念的形成、公式的提出、科学理论体系的建立等具有重要作用。所以老师在教学过程中，可根据学生的年龄特点以及年级的增高，积极地引导学生通过动手实践操作，让学生感受数学概念的形成、公式的得出，由形象思维向抽象思维活动逐渐过渡。由于低年级学生

年龄小，空间想象力差，数学模型的建立非常困难，所以教师在教学中要尽量抓住每一个机会和场合，来引导学生进行抽象思维活动，提出合适的问题进行质疑引导。如，在"圆的周长"部分的教学中，首先让学生制作一些硬纸板圆，然后带领学生分别测量出每个圆的周长和直径是多少，再算一下周长是各自圆直径的多少倍，学生纷纷动手、动脑进行计算，结果证明圆的周长是直径的3倍多一点。在此基础上再去学习圆周率和近似值，学生就会印象深刻。这样在大量感性材料的基础上进行抽象思维活动，避免了让学生机械去死记硬背的灌输式教学方法，从而提高了教学质量。总之，学生抽象思维能力的培养并非一朝一夕就能完成，它需要教师在教学中从形象思维入手，循序渐进，加强平时的综合练习，多让学生进行动手实践。这样，学生抽象思维能力将得到逐步提高。

有人说"真正的好课应该越讲问题越多"，这是不无道理的。因此，为了孩子的发展，我们教师不要在课堂上太吝啬自己的时间，应该让孩子们有更多的时间去思考、去质疑。我们在教学中不要太紧扣自己的事先预案，应该多考虑学生的意见、个人的解读。应该鼓励学生的创见，我们应该多从学生的角度去考虑问题。能在课堂上被学生问倒，不是丢人的事，相反，我们应该感到很荣幸。

（上海市铁岭中学　朱月英）

第三章

形象性思维：以具象为思维内容的思维形态

形象性思维是对形象信息传递的客观形象体系进行感受的基础上，结合主观的认识和情感进行识别，并用一定的形式、手段和工具创造和描述形象的一种基本的思维形式。形象性思维所反映的对象是事物的形象，思维形式是意象、直感、想象等形象性的观念，其表达的工具和手段是能为感官所感知的图形、图象、图式和形象性的符号。形象性思维具有生动性、直观性、整体性、想象性和创造性等形象性特质。

第一节

让语言生动可感的思维模态

仅限于解释字词疏通大意，不去调动学生的形象思维

　　人类最原始的思维便是形象思维，它是凭借事物的具体形象和表象的联想进行的思维活动。我们所接触的课文，无论是诗歌、散文还是小说，当我们阅读的时候，眼前都会展现各种各样洋溢着强烈感情色彩的社会生活的具体画面。举首送别诗为例，李白的《送孟浩然之广陵》："故人西辞黄鹤楼，烟花三月下扬州。孤帆远影碧空尽，唯见长江天际流。"单从字面上看，似乎没什么深厚的离别之情，如果我们教学时仅限于解释诗中的字词，疏通大意，而不去调动学生的形象思维，去创设身临其境之感，学生就只能机械地背诵，如同三岁幼儿被逼背诵唐诗一样，无法体会诗人站在浩淼的江边目送友人驾着一叶扁舟逐渐远去，只留下诗人独自伫立眺望的情景，更无法体会诗人的那种依依惜别之情。因此，我们在教学这首诗时，要引导学生想象那离别的场面，展开丰富的联想和想象，去充实那字面之外的含义和意境，这样，学生才能体会那份浓浓的离愁。

品味语言，感受形象

别林斯基指出："艺术是对真理的直感的观察，或者说是寓于形象的思维。"在语文学习中，形象思维尤为重要，感受形象体会情感，无不需要形象思维。形象思维将抽象转化为形象，不仅使语言生动可感，更容易引发创造力。形象思维是语文素养的重要组成部分，培养学生的形象思维，是语文育人功能的体现。《语文课程标准》的课程目标指出，学生要"阅读优秀作品，品味语言，感受其思想、艺术魅力，发展想象力和审美力"。"在表达实践中发展形象思维和逻辑思维，发展创造性思维"。为达到这样的目的，语文教师必须结合语文教学和语言训练，引导学生自觉地透过文字理解内容，结合内容揣摩语言，培养学生的语感，充分调动其联想和想象功能，使他们在感悟语言的广大形象空间自由飞翔，同时也调动了他们学习的积极性，使他们主动投入听、说、读、写为基础的语文学习中。培养学生的形象思维，可以在阅读教学中进行，主要有以下方法。

一、 品味语言，感受形象

品味语言，感受形象，可以培养形象思维，增强语感。语感强的学生接触到文字材料，可以迅速感知到丰富的意蕴；语感差的学生感受到的内容就少得多、模糊得多，也呈现不出很鲜明的意象。品味语言，就是从富有意味和情味的语言入手，感受作品的艺术形象，领悟作品的思想感情。品味语言，从形式到内容再到形式，是螺旋式上升的过程，不仅是对语言的掌握，更是思维的发展，可以使思维更清晰，感受更深刻，从语言中感受到的意蕴更丰富，意象更鲜明，从而发展形象思维能力，发展语感。

如《荷塘月色》，粗读荷塘、月色的风韵，有的学生感受得到，有的学生感受不到。细读"曲曲折折的荷塘上面，弥望的是田田的叶子"，"正如一粒粒的明珠，又如碧天里的星星，又如刚出浴的美人"，"微风过处，送来缕缕清香，仿佛远处高楼上渺茫的歌声似的"，"月光如流水一般，静静地泻在这一片叶子和花上"，"弯弯的杨柳的稀疏的倩影"，语言音韵和谐，形象生动，清新优美，令人陶醉。品味叠词的妙处、比喻的妙处，"泻""弯弯的""稀疏的"等词语的妙处，想象月光下静谧、朦胧的荷塘，得到精神的享受，感受到的意象更清晰，形象思维就能得到发展。

二、 朗读朗诵，以读促解

有感情地朗读，可以发展形象思维，增强语感，在朗读中感受形象，在朗读中品味语言。洪镇涛指出："采用朗读的办法，让学生比较、推敲、品味语言使用的妙处，形成语感。"凝练的诗词、优美的散文、感人的小说、动人的戏剧，无不可以通过有感情的朗读，体会作品的思想感情、感受作品独特的魅力，积累意象，丰富表象。

如朗读《将进酒》，读出节奏，读出气势，读出伤感，读出狂放。在时而深沉舒缓时而酣畅淋漓的语调中，看到的是奔腾而下一去不回的黄河，青丝白发的伤感，天生我材必有用的豪情，但愿长醉不复醒的失意，一饮三百杯、千金换美酒的狂放不羁。读的是诗，是诗人的狂放，是诗的境界，是诗中意象的意味。

三、 复述改写，再造形象

复述、改写，是发展思维能力和语言能力的有效方法。复述、改写的过程，就是学生根据自己的理解创造性地再现的过程。理解是表达的基础，表达会促进对内容的理解，使原有的情感体会得更透彻，原有的形象感受得更鲜明。理解与表达是相辅相成、互相促进的。

如曹操的《观沧海》，充满了神奇瑰丽的想象。教授这一课时，可让学生将某些段落改写成散文。美丽的图景以另一种文体再现，对学生感受原文奇妙的比喻、瑰丽的想象非常有好处，也发展了学生的形象思维。改写不是直译，而是以神御笔，意象化地再现。

四、 辅助教学，帮助理解

多媒体辅助教学形象有趣，深受许多学生的喜爱。美妙的音乐，形象的图片，生动的动画，烘托出浓浓的氛围，调动起学生的积极性，使学生得到身心的享受。丰富多彩的内容应以利于语言教学为中心相互配合，让学生调动多种感官，多渠道地感知形象，充分显示其优越性。利用多媒体展示原理，可以化难为易，一目了然。利用多媒体展示形象，可以让学生见所未见闻所未闻，丰富知识，丰富表象，积累意象。恰到好处地使用多媒体，可以帮助学生感受理解，发展学生的形象思维。

（上海市昆明中学　王荣）

第二节

抽象理论的形象化表征

情境创设形式单一、有始无终和不能聚焦教学关键的问题

创设情境是物理教学中常用的一种策略，它有利于解决物理学科知识和规律的抽象性与学生思维的具体形象性之间的矛盾。但目前就初中物理课堂教学情况来看，在实施教学创设的情境过程中，仍存在着情境创设形式单一、有始无终和不能聚焦教学关键的问题。

1. 创设情境手段单一

多年来，情境创设在教学中受到广泛的推崇，所以很多教师几乎在每一个教学环节都追求情境化。但多局限单一地采用多媒体课件，将各类图片、视频至结论规律全部呈现，减少了教师与学生之间的互动交流，削弱了课堂效果。

2. 创设情境有始无终

有的教师创设情境，就是为了创设而创设，在引出所讲问题后，便将所创设的情境抛于脑后，不了了之，忽略了引导学生对情境中物理知识前呼后应的认知和深入挖掘，使得学生所学的知识、规律与生活实际理解和应用严重脱节。

3. 创设情境不能聚焦关键问题

不合理的情境创设会导致教师的问题牵强，学生思维茫然，缺乏探究动力，后续教学的推进不畅，教学过程失去探究的趣味，学生的思维不能很好地与之前概念联系，达不到良好的思维培育目标。

路径转向

抽象物理理论的形象化

在课堂教学中，教师要结合课程标准、教学内容与目标、学生实际情况等因素，创设真实自然、合理适宜、促进学生思维发展的物理情境，充分发挥情境创设的教育意义，将学生的学习状态引入进情境中去积极思索，探究新知，深入发现，促进形象思维的提升与发展。

一、 创设实验的教学情境

物理学科是一门以观察和实验为基础的自然科学。物理实验不仅可以成为学生获取直观性认识，积累直观感性经验的源泉，而且也是培养学生观察能力，让学生亲身体验通过物理实验进行物理规律探索活动、了解物理科学的发展进程、形成科学的世界观的一种重要手段。针对那些难以理解的理论知识，教师要借助实验来开展教学活动，引导学生借助形象思维，通过观察实验过程中的变化，理解教材中的理论知识。同时实验将抽象的知识具体化，降低了学生学习知识的难度。

例如，在引入"压强"概念这一节课前时，可以采用"一次性纸杯"实验来辅助创设情境，进行新课引入。先请一个体重较大的同学尝试站在一个纸杯上，纸杯自然被踩扁，再将若干纸杯平放在地面上，在纸杯上面放置一个薄板，再请之前的这位同学站上去，结果下面的纸杯安然无恙。这个实验原理简单，器材容易准备，特别是操作过程中对比效果明显，具有强烈的视觉冲击，不仅可以增强趣味性，激发学生极大的学习兴趣，还能够形象地反映"单位面积上压力"的变化情况，有效地将抽象的知识转变为具体的，便于学生更好、更快地理解知识，提高了课堂的效率。

二、 创设生活化的教学情境

物理学科要始终坚持"从生活走向物理，从物理走向社会"。物理知识与现实生活有着密切的联系，教师要创设生活化的教学情境，使学生感到物理就在生活中，激发学生的问题意识，加深学生对物理知识的理解程度。教师可以引导学生从实际生活中寻找物理现象，让学生认识到物理知识的学习不能脱离现实生活，同时通过生活情境化教学促使学生学会主动观察和思考，提高运用理论知识解决生活实际的能力。

例如，在进行"惯性"这一知识点学习的时候，可以请学生观看平时生活中乘客乘坐公交车的视频，并联系自己的经历回想：当人们在坐公交时，会发现车子启动时，乘客会向后倾；而刹车时，乘客会向前倾；当司机紧急刹车时，乘客向前倾的幅度更大。通过这样一个鲜活的生活实例，引导学生在大脑中建立"物体具有保持原有运动状态的性质"的形象思维，从而建立科学的"惯性"概念。而在讲解"影响惯性的因素"这一教学内容时，教师可以让两个体重不同的学生，以相同的速度跑步，然后让学生观察哪一位学生先停下来，通过观察学生会发现体重较轻的学生先停下来，因此，学生会了解到惯性与质量的大小有关系：质量越大，惯性越大；质量越小，惯性越小。那么在生活应用部分，可以让学生分析汽车上"头枕"的作用是防止汽车被追尾还是刹车时候的必备用品，增强学生"学以致用"的能力。

三、 创设多媒体的教学情境

学生的学习过程中，兴趣起着非常重要的作用。因此，在开展初中物理教学活动的过程中，教师可以充分利用现代信息技术，通过图像、声音与文字等信息的综合处理，将物理知识转换为图形、动画等形式，将教材中的内容融入该教学情境中，实现问题情境的有效创设，增强学生的学习兴趣，把握物理知识的内涵。比如利用PPT的动画、声音及图像的功能，将抽象的物理知识具体化，并在问题的导向之下，实现有趣味、有疑问的物理教学。

例如，在进行"用电流表、电压表测电阻"的专题练习时，学生可以通过实验自主研究用电流表测出待测电阻中通过的电流，用电压表测出待测电阻两端的电压，再进行待测电阻的计算过程。继续深化研究，当仅有电流表或电压表，要多次实验取平均值，可以采用"金角鱼"软件开展自主探究，增强了课堂知识的趣味性，以此提高学生学习物理知识的兴趣。

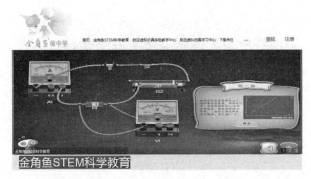

"金角鱼" STEM科学教育软件界面

当下，在初中物理教学中，对物理有兴趣的人越来越少，抽象使学生和教师陷入了某种困境，因此，中学物理教学首先应立足于形象思维，再适度向抽象思维发展。作为初中物理教师，要不断更新教育观念，明确物理学也是形象思维的科学。要更新教学手段，建立一整套以形象思维为特征的教学方法，致力于抽象物理理论的形象化。

（上海市三门中学　刘瑞华）

第三节

让可感的音乐形象开启学生心智

单调地唱一唱、听一听歌曲不是音乐教育

著名教育家杜威提出："为了激发学生的思维，必须有一个实际的经验情境，作为思维的开始阶段。"情境演绎教学正符合了新课程的要求。它通过运用多种形式来表现音乐内容，充分调动学生对音乐学习的积极性和主动性。但目前传统的音乐教学方式为老师讲授学生聆听，然而此模式下学生的学习效果以及对音乐的理解层次都有所欠缺，教学效果也不如人意。

当前初中学生普遍存在一个现象：喜欢音乐但并不喜欢上音乐课。所以，他们对音乐的学习仅仅停留在流行歌曲层面上。在学生心里，音乐课就是唱歌课，这是对音乐课认识上的严重偏颇，随着新课程改革的不断深入，对音乐理论和视唱练耳的学习越来越受到重视。"授人以鱼，不如授人以渔"，根据课程标准结合实际情况，针对这种现象，我在安排教学内容时，在每节音乐课的教学设计融入基本音乐技能训练，比如识谱的方法，乐谱的演唱，节奏的训练，歌唱技能的掌握。通过教学与实践，使学生掌握系统的音乐理论基础知识与良好的视唱能力，能将所学的知识与技能运用到音乐实践中。同时在乐理与视唱的学习过程中拓展审美视野、丰富审美体验，使音乐的听力、理解力、表现力得到发展。

虽然音乐是一门必修课，但由于它是非中考科目，学生、家长心理上不太重视。如果在音乐教学中只是单调地唱一唱、听一听歌曲，长期下去会使学生对音乐课失去兴趣。所以，我们在音乐教学中应结合其他艺术形式，比如：现代信息技术在音乐教学中的应用、音乐欣赏与书画美育的融合、开展音乐课堂情景拓展活动等。这样，有利于学生更好地感知音乐要素，加深对音乐作品的理解与感悟。也可激发学生的创作欲望，由被动学习变为主动参与，提高他们对音乐的兴趣和重视。

由于青少年这个时期的身心发展，自我意识增强，大部分学生都比较喜欢表现自我。作为音乐老师就要给他们创造条件，让学生积极参与情景表演，提高音乐表现力。音乐表现的种类多种多样，在教学中应注意培养学生自信的演唱和表演能力，将讲台演变为"舞台"，激发学生大胆展示自我，提高学生课堂上的表现力。在重大节日庆祝活动中，学校可开展各类文艺节目会演，同时鼓励每一个学生积极参加活动，学生在节目排练过程中，通过与同伴的合作，其音乐表现力也能得到锻炼和增强。

路径转向

音乐形象开启学生心智

结合目前我校学生的实际情况，音乐课堂上情景演绎思维的导入教学主要有以下策略。

一、 在音乐课中引入乐器演奏情景教学

乐器在音乐教学中是必不可少的组成部分，包括键盘乐器、弦乐器、管乐器、弹拨乐器和打击乐器等。课堂上应用乐器演绎教学不仅可以激发学生的学习兴趣，丰富教学内容，还可以开阔学生的音乐视野。如在教授六年级第一学期第四单元民族花苑的《青春舞曲》歌唱教学中，通过运用新疆打击乐器——手

鼓，创作节奏型为歌曲伴奏，丰富歌曲的表现手法。在六年级第二学期第二单元快乐少年的第一课，利用多媒体让同学们欣赏钢琴作品《童年的回忆》，课堂上我会用钢琴为同学们进行现场演奏，使学生直观地了解各种音乐表演形式。

二、 在音乐课中引入舞蹈演绎教学

舞蹈作为一种以人体动作为基础的直观性强的艺术活动，很容易被学生所接受。舞蹈教育属于艺术教育、情感教育、形体气质的培养教育，在音乐课程中适当地融入舞蹈进行教学，能增强学生的课堂参与和体验，使他们不会因为枯燥和单调的教学方式而产生厌倦的情绪，同时也能促进他们身体协调性的发展。这学期开学初，我在六、七年级进行了关于音乐课教学问卷调查，其中有一条"在音乐课上加入舞蹈情景演绎你觉得如何？"调查结果：有59％的学生希望在音乐课中加入舞蹈情景，55％的学生认为舞蹈对学习有帮助，37％的学生认为舞蹈能增加身体的协调性。如，六年级第一学期第四单元民族花苑《瑶族舞曲》欣赏课教学中，我会设计在各段音乐中选取部分旋律片段，让学生即兴进行情景演绎、舞蹈，体验音乐的节奏、节拍、力度、速度的变化，归纳出《瑶族舞曲》的音乐风格。

三、 情景演绎导入的教学实验

在音乐课上对学生进行形象思维教学，是音乐课程标准中"以音乐审美"为核心的体现，以深化学生的音乐审美体验，让学生在音乐的实践活动中感受音乐美。同时，"以德育为核心"是任何学科都应贯穿的原则，尤其音乐作为人文学科，更应体现其教育功能和陶冶情操的功能。比如学校每年举行的"迎新年、庆元旦"合唱比赛，以班级为单位的合唱训练中，学生都会自觉地控制、协调自己的声音，力求与集体融合，而得到美的享受。通过合唱比赛，培养了学生团队协作和集体主义精神。

以六年级第一学期民族花苑《青春舞曲》为例。课前我准备了具有新疆特色的手鼓和传统毡帽，通过课上学生的亲身体验，来感受少数民族的民俗风情；利用多媒体课件介绍新疆地域风情、民族服饰、传统乐器等。为了提高学生的兴趣和情景表现力，上课前我用钢琴弹奏乐曲《马车夫之歌》，学生们四、六人一组自由发挥，结合自己喜爱的舞步：迪斯科、街舞、韵律操、中国舞、基本功技能等，随着音乐情景节拍进入教室，再通过舞蹈造型亮相后回到座位，这种带表演出场的形式立即把同学们对这堂课的兴趣调动了起来。《青春舞曲》是根据维吾尔族民歌创编的歌曲，具有小调风格，节奏感强，有不同的曲调、速度、音节旋律和情绪。在教学过程中，我让学生通过在听、唱、跳等音乐活动中体验和表现歌曲的情绪，并能用自然圆润的声音演唱歌曲。同时，能掌握维吾尔族民歌特点，准确把握歌曲节奏型，并运用速度、力度的知识对歌曲进行处理，丰富歌曲的表现力。在情景演绎环节中，通过多媒体让学生欣赏专业合唱团对这首歌曲的表演，观摩北京舞蹈学院维吾尔族舞蹈组合。同时结合舞蹈艺术教授学生绕腕、移颈和托帽式这三个维吾尔族舞蹈基本动作，让同学们在音乐和手鼓的配合下边唱边跳，体验综合性表演。整堂课中，学生的参与性非常高，我通过各种音乐活动的情景演绎设计，调动了学生的积极性，培养学生的节奏感和创造力，训练学生的协调性。

总之，加强音乐形象思维教学，可以开启学生的心智，激发学生的潜能，丰富学生的精神世界。

（上海市宝山区罗店第二中学　魏瑛）

第四节

让学生看见微观世界的形象

宏观微观间的桥梁没有建立

学生学习化学知识时难以理解"微粒"的概念，从而无法与宏观物质进行有效关联。对于很多化学现象的理解，仅仅停留在宏观层面的死记硬背。比如在质量守恒的学习中，学生通常比较容易记住宏观现象：冒气泡、颜色的变化、产生沉淀等，而对于其背后的微观解释没有有效联系起来，忽略了微观世界变化才是导致质量守恒的真正原因。对于质量守恒的解释依然停留在宏观层面。学生能记住反应前后质量不变，但是如果究其根本，学生们就会没有头绪，不知道从什么角度去思考。他们不明白质量不变的根本原因在于组成物质的原子种类和数量没有发生改变。而从质量到原子，就是宏观视角转化到微观视角。学生在两者之间没有建构起有效的桥梁。在面对不可直接观察到的具体知识，例如组成物质的分子或者原子的时候，学生思考起来存在较大的阻碍。同理在学习物质的量的知识过程中，也存在相类似的问题。

强化微观粒

对于初中学生缺乏微粒观思维的现状，根据初中化学的教学内容以及初三学生的心理特点，通过以下三种方法来强化微粒观的形成。

一、 创设情境，发展学生的观察力

化学是一门以实验为基础的学科，为了使学生能够拥有从微观视角解决问题的能力，我们首先应该加强学生观察变化的能力，也就是实验中的观察力，使学生在实验中通过视觉直观感受到现象的变化，然后通过分析、综合、运用等手段解释宏观的现象，从而逐渐建立对于微观粒子的科学认识。比如在讲微粒性质"不断在做无规则运动时"，除了课本上将品红放入水中，还可以使用高锰酸钾颗粒。由于高锰酸钾是紫黑色固体，投入水中会出现"拉丝"的现象，较品红具有更直观的现象。实验过程中，还可以用照片记录下不同时刻的现象，对比得出微粒不断运动的结论。教师还可以将一些经典的习题转换为课堂实验，给予学生更多的机会，直观体验发生的变化。如下题：

将酚酞溶液分别倒入 A、B 两个小烧杯中，另取一个小烧杯 C，加入约 5 mL 浓氨水。用一个大烧杯罩住 A、C 两个小烧杯（如图所示）请你填写下表中的空白：

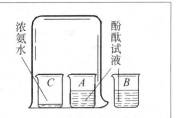

	烧杯 A	烧杯 B
现象		
解释		（此处不必填写）

在实验后，提出以下阶梯型问题：①同学们观察到烧杯中有什么变化？

②是什么导致这样的现象？③该物质的构成微粒是什么？在学生形成微粒观的过程中，要尽量多地用不同实验现象的变化刺激他们的感官，而不是在他们还没有内化微粒观的时候就直接要求他们运用微粒观的知识作答。

二、利用模型，激发学生的想象力

由于微观粒子的"不可视"，学生凭空难以建立起微粒观，更谈不上理解运用微粒观来分析事物。基于此，利用模型将抽象的原子、分子直接呈现在学生面前是最容易让学生接受的方式。在讲述化学式的时候，我们可以让学生自己来搭建球棍模型，然后通过搭建的球棍模型来讲述分子的构成。比如，在讲述金刚石和石墨物理性质差异的时候，教师可以呈现这两种物质的实物图，让学生清楚看到两者之间结构的差异。

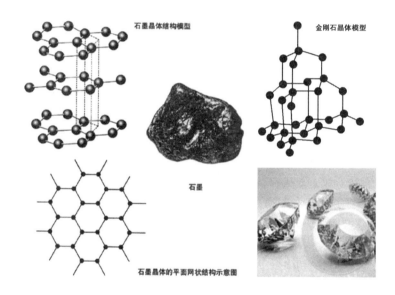

教学中，教师可以让学生动手拉一拉金刚石中的碳原子是不是很难移动，很坚固。这样学生在理解金刚石性质的时候可以结合模型，加深印象，而不是简单的重复记忆。我们可以利用模型巩固微粒观从而帮助学生建立"宏观-微观-符号"的思维模式。比如在完整理解质量守恒定律的内涵中，对于学生来说，首先要认识微粒，从脑海中建立起微粒的概念。虽然在学习物质的构成微粒时，已经采用了实物球棍模型等可视化方式，但是学生的微粒概念并不清晰，局限于背诵，和宏观物质的联系没有牢固地建立，认识也不够深刻。所以在质量守恒教学时，务必再次夯实。教师在演示实验前，可以提供球棍模型让学生自己搭建反应物，然后进行实验。反应结束后，推测完生成物后，再要求学生将球棍模型拆分重新组合成生成物，结合质量反应前后守恒的现象，对比自己的模型，从微观角度解释质量守恒定律，从而强化微粒观。

三、 利用符号，搭建桥梁

符号是一种化学语言，符号的意义很多既包含了宏观意义又代表了微观意义，它浓缩了复杂的汉字。在初中化学中学生最常接触的符号是化学式、化学方程式以及微观示意图。学生通常会淡化化学式以及方程式微观含义。教师在教学过程中要关注语言的准确性。比如在描述方程式系数含义的时候，多让学生从微观含义解释，解释过程中尽量配合图片，而不是总是化学式就代表一种物质，这容易促使学生忽略化学式所蕴含的微观意义。练习阶段教师最常用的是电解水的微观示意图，如下图：

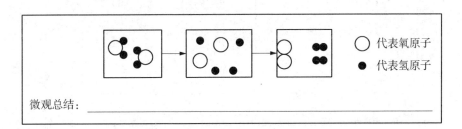

建议可以多增加一些类似示意图给学生练习，从视觉上加以强化，并且每次都从宏观和微观两个角度解释清楚整个化学变化。如下图：

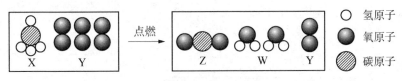

甲烷燃烧的微观示意图

通过"符号"的表达形式，学生可以快速反馈出分子和原子的概念，将本来抽象、"隐形"的微粒展示在学生眼前。学生结合之前模型留下的立体结构知识，再转变成平面图形，最后抽象成化学式，由具体到抽象，逐渐强化微粒观，更好地建立起"宏-微"联系。教师还可以将模型和化学式直接联系起来。在讲述氢氧化钠和硫酸铜的实验过程中，让学生一一列举成分，形成直观冲击，从而自主推导出"参与反应"物质的总质量不变这个特点。同时要求学生用球棍模型搭出反应物，对应到方程式中。在学习单中留出位置，让每个学生做完实验后，独立思考，写出反应前后成分，将前后重复的划去，对照生成物的化学式，重新组合球棍模型，最后通过小组讨论整合出结论，尝试从宏观、微观角度分别分析质量守恒定律，即从元素、原子、物质和总质量的维度表示。（图为学案中的节选）

【分析】反应前后具体指哪些物质的质量

反应前的质量	反应后的质量

质量守恒定律： _____

宏观总结： _____

学案节选

（上海市昆明学校　赵洁）

第五节

借有限的文字演绎无限的画面

脱离语言谈思维

语文学科的思维素养应该指向语文思维，只有这样，语文学科才具有专业性。语文单独设科的知识基础，便是语言文字运用。在对居于语文核心素养之首的语言素养，新的课标有这样的阐述："语言建构与运用是语文核心素养的重要组成部分，也是语文素养整体结构的基础层面。学生语文运用能力的形成、思维品质与审美品质的发展、文化的传承与理解，都是以语言的建构与运用为基础，并在学生个体言语经验的建构过程中得以实现的。"也就是说，语文其他三个方面的核心素养都是在"学生个体言语经验的建构过程中得以实现的"。

对于以"语言文字"为载体的文本来说，语文学科与其他学科相比较，尽管都会用到语言文字，但语文学科关注的重心是语言文字运用本身，而其他学科关注的重心却是语言文字运用所传递的信息。尽管语言文字运用所传递的信息对语言文字运用本身影响很大甚至是非同小可的，但前者是其他学科或者是各个学科共同承担的任务，只有后者才是语文学科独自承担的任务。

路径转向

借有限的文字和无限的画面锤炼思维

在初中语文教学中，古诗词的地位常常被边缘化。在教师对教材的处理和学生对诗歌的理解之间存在很大的隔膜。学生对诗歌内容的识记往往大于对诗歌情感的体会与理解。宗白华先生在《美学散步》中曾这样论述："诗和画的圆满结合，就是情和景的圆满结合。"而作为山水诗的典范之作，打通诗歌与绘画的界限，"以画读诗"的学习策略或许能打开学生思维空间的一把钥匙。

以下是阅读专题课"走近唐诗宋词"系列中的一堂古诗词课，通过运用"以画读诗"的策略，引导学生运用形象思维，体会山水诗中所蕴含的作者情思，进行积极的"语言实践的活动"。教学片段如下：

一、"以画读诗"——拓宽思维广度

问题 1：请同学们自由地朗读全诗，并借助你的想象，说一说诗人为我们呈现了一幅怎样的画面？

问题 2：创作一幅画时，你会思考哪些方面？

学生在初步整体感知诗歌后，脑海中能够呈现诗人所描绘的画面。以上问题的设计，旨在引导学生将内在的思维活动通过语言实践表达出来。在"以画读诗"的指引下，学生的思维空间得以打开，借助有限的文字和无限的画面，在用语言描绘"诗中画"的过程中锤炼思维。

二、"以画读诗"——训练思维品质

问题 3：请同学们尝试从"布局"的角度来欣赏这幅"诗中画"。

追问 1：你最喜欢画中哪些景物？

追问 2：画面具有怎样的特点？

问题 4：请同学们再从"色彩"的角度欣赏这幅"诗中画"。

追问 1：画面中又呈现哪些色彩？

追问 2：这些色彩营造出一幅怎样的画面？（和西方的油画相比较）

以关注"布局"这一环节为例，教师设计三个阶梯式的问题：你最喜欢画中哪些景物？呈现的画面具有怎样的特点？诗人为何这样"布局"？前两个问题的提出训练了学生的联想、想象和概括的能力，学生紧扣字词描绘画面，借助形象思维，提高学生对语言的敏感性。

三、"以画读诗"——提升诗画审美

问题 5：诗人在哪里，你能从诗中找依据吗？

补充资料：中国山水画尤其独有的艺术手法——留白。在《美学散步》中，作者将西方油画与中国画作比："西洋传统的油画填没画底，不留空白。而中国画上画家用心所在，正在无笔墨处。"

追问 1：同学们，整幅画中作者也运用了留白，谁没有出现在画中？

问题 6："凡画山水，意在笔先。"你能揣摩出"画中意"吗？

补充资料：王维在他著名的《山水论》的开篇如是说："凡画山水，意在笔先。""意"，我们简单理解为情意、感情。王维想告诉我们，画中的布局也好，色彩也罢，落笔前最要紧的是先立"意"。

追问 1：看完这幅画面之后，你能揣摩出"画中意"吗？

这个过程中，以中国山水画的"留白"和"写意"两大笔法为依托，建构起诗与画的沟通桥梁。刺激学生充分运用形象思维，而不再抓着"知人论世"这一"铁律"不放，尝试将画面的描绘（即对景物的赏析）和画意的感受（即对情感的揣摩）相互勾连，让学生在画面赏析中不仅收获山水诗的赏读方法，而且在语文课堂上对中国传统艺术——山水画有了一定的认知。学生核心素养的培养，要兼顾学科素

养和跨学科素养的培养，尤其不能以一个个学科为中心，各自为政。中国诗与中国画本身就有着千丝万缕的关系，在开展语言实践活动的过程中，也提升了学生的诗画审美能力。

以上是以《山居秋暝》一诗为例，尝试了如何在古诗词教学中以形象思维为依托，打通诗歌与艺术的边界，充分打开学生思维的空间，并为他们创设"积极的语言活动"。当然，"以画读诗"的学习策略更多地适用于写景抒情类诗歌。在不同类型的诗歌教学时还需做适当调整，并有所创新。

（上海市三门中学　袁瑜）

第四章

逆向性思维：以相反思考角度解决问题

逆向性思维也叫求异性思维，就是当大家都朝着一个固定的思维方式思考问题的时候，你却能另辟蹊径，通过相反的思考角度，以新颖独特的方式解决问题。所谓的逆向，可以是性质上的对立、位置上的互换、过程上的逆转等。当生活中遇到某些略有难度、比较特殊的问题时，逆向性思维模式往往会使问题更简单化，给我们带来意想不到的收获。

第一节

以新颖独特的方式解决问题

丧失了阅读的信心和动力

阅读教学是初中英语教学的一大重点，其中"首字母填空"更是对于学生英语综合应用能力的集中考察，不仅要检测学生对于词汇、语法、句子的掌握，还要考查学生对于上下文语义的推测、逻辑关系的把握和语篇的整体分析能力等。在常规的教学过程中，教师一般从词汇积累到句子解构、段落分析再到全文理解，以自下而上、由简入难的模式予以训练，但收效甚微。

1. 学生阅读积极性不高

阅读文本普遍篇幅较长，要求学生能静下心来，提取提炼出答题信息。但在阅读的过程中，学生往往会因为单词量的不足，看不懂文章，或是上下文逻辑断层，导致阅读不通畅，从而丧失了阅读的信心和动力。久而久之，形成了害怕阅读，甚至是不愿阅读的不良局面。

2. 学生的阅读逻辑症结不清

在日常"首字母填空"教学过程中，老师们常常会困惑，为什么在翻译了文本信息之后，学生还是无法推导出正确的答案？是哪里的逻辑出现了问题？

该怎样帮学生搭设逻辑架构？缺失的阅读背景知识该如何补充？学生思维方式的正确引导，亟需深入探究。

3. 阅读文本的剖析利用不充分

"首字母填空"的阅读文本其实也是英语学习的良好载体，它和课本内容难度相当、话题相近，是教材内容的补充和拓展。但学生一般只是为了答题而阅读，老师也受限于教学时间，而忽略了阅读文本的深入剖析，这在一定程度上导致了阅读素材的资源浪费。

笔者在传统的"首字母填空"教学过程中，遇到了以上的阻碍，无法实现预期的教学效果。笔者大胆提出，将逆向思维引入初中英语"首字母填空"的练习，通过逆向的训练模式，来提高学生答题的正确率，同时更注重挖掘和培养学生思维的深度和广度。

路径转向

从过程上、位置上、思维上进行逆向

逆向思维可分为三大类型：转换型逆向思维、反转型逆向思维和缺点逆向思维。结合这三种类型，笔者不断转变学生的角色，从过程上、位置上、思维上进行逆向，开展了"首字母填空"练习中的逆向思维能力培养策略的尝试，以新颖独特的方式解决问题。

一、 讲题者——过程上的逆转

当年司马光没法爬入缸内救人，因而转换思路，破缸救人，这就是用转换型逆向思维法解决问题的例子。如今，学生在解"首字母填空"练习时，困难重重，常常无法找到文章中的提示信息，或是即使找到了，却因词汇、语法等问题，而没法将逻辑串联起来。所以，变答题者为讲题者。给出答案，要求学生通过答案来找出相对应的提示词，从答案逆向到推论，同样强化了逻辑思维能力的训练。

例 1: Tomorrow I will take my driving test once again. I've already <u>failed</u> twice before，so I feel nervous.

师：为什么答案是 failed 失败？

生：因为前文提到了将参加驾驶考试 once again，相对应句子后的 before 曾经，所以得出以前两次都没有通过。

生：句末的 nervous 也从情绪的角度上，辅助说明了前两次考试没过，所以这次很紧张。

师：为什么不是 fail 或 failing?

生： I've already 是现在完成时时态，所以填写 failed。

按照正向思维来填词的话，需要学生注意到的便是上下文语义的连接，即从明天将再次参加考试推断出曾经失败过两次；还有就是语法考点，现在完成时过去分词的使用。可见，思维模式虽转换为逆向，但达成的逻辑训练效果却是一致的，甚至更流畅。此外，逆向思维的渗透，实现了学生对于文本信息的钻研，如例 1 中的三处提示信息，学生都自发地在第一时间予以找出，解决了老师长久以来担心的审题问题。还有就是，逆向讲题的方式，有效避免了学生害怕答错的心理障碍，大大提高了学生练习中的参与度和自信心。

二、 出题者——位置上的互换

通常学生都处于应试者的身份，而老师则是评判官和纠错者。在这样的背景下，学生学习得比较被动，比较畏惧。因此，通过师生角色上的位置互换，有助于激发学生的学习兴趣，如何考倒其他同学，成了学生主动钻研阅读素材的原动力。与此同时，这样角色反转型的逆向思维法，实现了思维切入点的对立，从答案应该是什么转变成选哪一个词为答案才合适。这样的逆向训练模式不仅让学生自发地提炼出重点和难点，即日后正向思维下的得分点；更暴露了学生个体的关注点，即个人所认为的难点，这为日后教师出题提供了宝贵的参考价值。

例 2: 文章片段 The underground is fast and <u>convenient</u>. There is a station <u>every</u> few blocks. Underground trains run <u>from</u> 5:30 a. m. to 12:00 <u>midnight</u>. You can <u>get</u> to any place <u>easily</u>.

不同学生选词及原因

① convenient: 与 fast 并列，拼写

② every: 想不到

③ from: 与 to 的搭配

④ midnight: 语义上对应 12:00

⑤ get: get to 词组，can 后面使用动词原形

⑥ easily: 副词修饰动词

在这一小个段落中，学生出题的选词五花八门，侧重点各不相同。但可以看出，学生其实对于首字母填空的选词规律还是有一定把握的。词汇的拼写、词组的搭配、语义的对应都有所顾及。姑且不评价学生的选词有多大价值，但对于文本的充分挖掘，已经实现了阅读有效性的提高。在出题的过程中，学生享受与老师互换角色的体验，逆向训练模式促进了主动思考、乐于思考，这是正向思维训练所不能企及的。

三、 改题者——思维上的突破

在逆向思维中还有一种类型叫做缺点逆向思维，这是一种利用事物的缺点，将缺点变为可利用的东西，化被动为主动，化不利为有利的思维方法。这种方法并不以克服事物的缺点为目的，相反，它是将缺点化弊为利，找到解决方法。例如，金属腐蚀是一件坏事，但利用腐蚀原理可用于电镀，这便是缺点逆向思维的应用。在"首字母填空"练习中，学生常常无法将逻辑完整串联。

笔者便利用此弱点，作为思维训练的切入点。让学生改题，对答不上来、说不明白的题目进行加词，来充实逻辑线索，起到思维训练的目的。

例 3：师： His wife c_____ everyday about the work she has to do. 此处应该填写什么？为什么？

（笔头回答）少数生： 填写 complains，因为后文的 has to do 不得不做

师问少数生： 可否增加一个提示给其他同学？

少数生： 可以增加 heavy 在 work 之前。

可以补充句子 for she needs to dust several hundred clocks 在后面。

师： His wife c_____ everyday about the heavy work she has to do, for she needs to dust several hundred clocks. 此处应该填写什么？为什么？

（笔头回答）多数生： 填写 complains，因为要清理数百个钟表，如此繁重的每日工作，便会抱怨。

师问多数生： 可否再增加一些提示给剩余的同学？

多数生： 可以增加 She says to her husband all the time "I'm too tired of cleaning your clocks."

师： His wife c_____ everyday about the heavy work she has to do, for she needs to dust several hundred clocks. She says to her husband all the time "I'm too tired of cleaning your clocks." 此处应该填写什么？为什么？

剩余生： 填写 complains，因为她总是说工作累，说引出了抱怨。

通过这样层层改题、增加提示词的方法，虽然不能让所有学生都得出答案，但至少经过了思维上的不断叠加，使大部分同学形成了完整、充分的逻辑回路。原来的漏洞被不断完善，以自我改题、生生改题、师生改题的模式，来促进思维能力的锻炼。而这种逆向的思维方式让学生觉得很有趣，能活用自己所掌握的知识来帮助别人，其实更是不断扩大了自己逻辑思维的辐射度。

　　逆向性思维在一定程度上提高了初中英语"首字母填空"练习的教学效益，反之，"首字母填空"练习也成了训练和提高学生逆向思维能力的一个平台。既能正向地又能逆向地思考问题，完善思维的多面性，真正实现了思维能力的全面提高。

（上海市同济第二初级中学　傅吟吟）

第二节

将条件和结论反转进行辨析

老师自己也没有养成逆向思维的习惯

逆向思维是解决物理问题的一种常用思维方法，它常常能化解思维困境，产生柳暗花明、峰回路转的奇妙效果。培养学生的逆向思维能力不仅能帮助学生解决物理难题，更有助于他们创新思维能力的提升，这对学生的终身发展都有利。然而，笔者在教学过程中发现，学生逆向思维的培养存在以下几个问题：

① 传统教学课堂民主氛围不够浓厚，留给学生思考发言的机会较少。多年来，我国的传统教学始终是教师为主导，学生则被动接受知识，所以学生往往缺乏主动思考探索的意识。虽然近年来，我们也一直强调要以学生为主体，要让学生通过探究活动获取新知，但还是有很多老师整节课"一言堂"，这样很难培养学生的思维能力。

② 老师自己也没有养成逆向思维的习惯，缺乏逆向思维的能力。老师自己遇到问题，可能也会习惯性用正推的方法解决问题，而不愿意花更多时间用多角度创新的方法进行思考和解决问题。其实有时候，逆向推导比正向推导更简

洁方便。

③ 逆向思维对学生的要求更高，需要学生对物理量的关系、物理概念规律理解更到位。学生在对相关知识不熟的情况下，使用逆向思维可能会给学生带来更大的困惑，因为学生还不能熟练应用逆向思维，他们比较习惯于正向推导。

转型路向

将条件和结论反转进行辨析

针对以上的问题，我们该如何采取措施培养学生逆向思维的能力呢？笔者建议可以从以下几个方面入手：

一、 鼓励学生积极开拓思路，勇于表达自己的想法

例如右图 1a，在课堂上探讨"如何辨别两个容器中的液体密度大小"的问题，我们在课堂上可以留足够时间让学生积极开动脑筋，大胆发言，利用所学知识来判断两杯液体的密度大小关系。很多学生不仅能想到用密度计测量液体密度、用 $\rho = m/v$

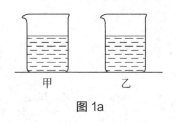

图 1a

计算出液体密度等正向思维的方法之外，还能够想到用 U 形管压强计（图 1b）、同一物体漂浮情况（图 1c）反推液体密度关系的方法，这其实就是逆向思维。

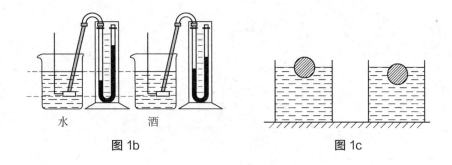

图 1b   图 1c

二、 将条件和结论反转进行辨析，帮助学生深入理解概念和规律

例如在学习"牛顿第一定律"的内容时，我们学习了物体在外力的作用下会改变运动状态，那么反过来，物体的运动状态发生了改变，是不是说明物体受了力？学习"热量"内容时，一个物体吸收了热量，温度会升高（不发生物态变化的情况下），那么可以反问，物体温度升高了，是不是一定吸收了热量？这样的例子在初中物理课本中有很多，比如在学习了杠杆平衡条件后，我们可以反问，是不是只要杠杆上的两个力满足力与力臂乘积相等，杠杆就能平衡呢？

三、 在实验教学中可以用到逆向思维

例如在讲"透镜"一节时，我们知道了平行于主光轴的光经过凸透镜折射会交于焦点，那么逆向思维，从焦点发出的光经过凸透镜折射会变成平行光，人们利用它做成了舞台上的追光灯。我们在讲"凸透镜二次成像"问题时，也用到了逆向思维。当物屏距离大于四倍凸透镜焦距时，固定物体和光屏的位置，将凸透镜在物屏之间移动可以形成两次实像（如图 2）。我们从两次的成像光路图可以看出，第二次成像 $A''B''$ 的光路图，如果逆过去看（从光屏往物体方向），它和第一次成像 $A'B'$，物距和像距正好互换。

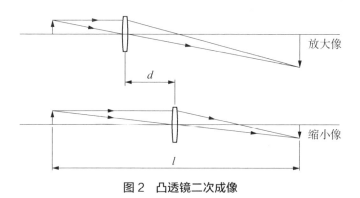

图 2 凸透镜二次成像

四、 在物理解题过程中也可以用到逆向思维

例 1：在图 3a 中，MN 为平面镜，S 为发光点，A 是人的眼睛所在的位置。请作出从 S 发光点发出的光经过平面镜反射进入人的眼睛的光路图。

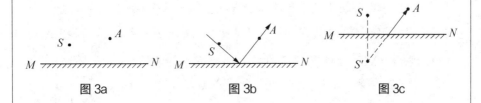

图 3a   图 3b   图 3c

正向思考：很多学生希望能找到一条过 S 点的入射光线，根据光的反射规律，画出对应的反射光线，然后让反射光线看起来能恰好经过 A 点。（如图 3b）

出现的障碍：上述的做法里面有一个障碍，就是入射点没办法准确地确定下来。很多学生会在平面镜上大致找到一个点作为入射点，这是不正确的。

消除障碍的方法：利用平面镜成像原理，可以知道逆着反射光线看过去，眼睛感到反射光线好像是从像发出来的。

逆向思维解决：先用平面镜成像特点找到 S 的像 S'，再连接 AS' 找到反射光线，确定入射点，最后画出入射光线。（如图 3c）

例 2：如图 4 所示，甲、乙两个容器内分别装有酒精和水，已知两个容器底部所受到的压强相等，比较同一高度上 A、B 两点液体压强的大小，则 p_A _____ p_B。（填"<" ">" 或 "="）

正向思维：很多学生一开始就利用液体

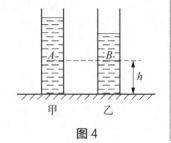

图 4

压强公式 $p = \rho gh$，比较液体密度 $\rho_甲 < \rho_乙$，液体 A、B 深度 $h_甲 >$ $h_乙$，最后发现没办法判断 p_A，p_B 的大小关系。

出现的障碍：公式里面两个变量 ρ 和 h 都在变，而且是往相反方向变，结果无法确定。

消除根源的方法：控制变量法，如果能控制其中一个变量，改变另一个变量，就能确定结果。

逆向思维解决：我们可以从容器 A、B 点以下的液体压强开始思考，下面的液体 h 相等，因为 $\rho_甲 < \rho_乙$，所以 $p_{A_下} < p_{B_下}$，然后再用容器底部受到的液体压强减掉 A、B 点以下的液体压强，就能得到 A、B 点以上的液体压强 p_A，p_B 的大小关系。

从上面的两个例子可以看出，培养学生用逆向思维解决问题可以按照如下的顺序进行：理想结果 $\Longleftrightarrow$ 出现的障碍 $\Longleftrightarrow$ 障碍的原因 $\Longleftrightarrow$ 产生障碍的条件 $\Longleftrightarrow$ 消除条件的方法。

综上，逆向思维习惯的养成对学生终身发展有利，初中物理的课堂教学在培养学生逆向思维方面可以提供更广更远的舞台。

（上海市昆明学校　黄蓓蕾）

第五章

转化性思维：将复杂问题转化为简单问题

转化性思维是学生对已有的知识和方法应用于解决新问题过程中，将新问题转化为已掌握的问题并加以解决的思维方法。转化性思维一般总是将复杂问题通过变换转化为简单问题，将难解的问题通过变换转化为容易求解的问题，将未解决的问题通过变换转化为已解决的问题。

第一节

抓住矛盾转化的过程推进教学

区分不出文章的本质和非本质的东西

分析和综合是理解文章内容的两个主要思维过程。分析是把文章分解为各个部分，对它们的意思进行单独考察的过程；综合是对文章进行整体考察的过程。

抽象和概括在把握文章的中心思想方面发挥着重要的作用。抽象是透过文章的内容认识其所表达的观点的过程。概括是对文章的内容进行压缩、提炼的过程，区分出文章的本质和非本质的东西，抓住文章最核心的内容。

显然，在抽象与概括的能力上，学生是有一定缺失的。因此，语文要想真正出成效，不能局限于教法的改变，而是要把培养学生的思维能力作为首要目标。

抓住矛盾转化的过程

解决问题一般有四个环节：一是发现问题。在实践活动中，社会的需要转化为个体的思维任务，也就是提出问题。二是明确问题。面对着所发现的或所提出的问题，加以分析，分析问题的关键在于明确地抓住问题的核心。三是提出假设。找出并确定解决问题的方案——解决问题的原则、途径和方法。四是检验假设。检验假设一靠实践或操作，二靠思维活动的逻辑推理和论证。解决矛盾与问题贯穿于整个思维过程中，因此抓住矛盾，抓住问题，抓住处理矛盾、解决问题的过程，是展开思维过程教学的第一步。下面结合公开教学《在埃及数骆驼》这一课堂实例，解析在语文教学中培养学生分析、概括思维过程不同阶段特征的方法。

一、 激发学生兴趣点，形成具象思维

《在埃及数骆驼》这篇文章是六年级第二学期第六单元"域外风情"中的一篇游记散文，文章选取了埃及最具代表性的动物——骆驼，从多角度向我们介绍了埃及骆驼市场及骆驼贩子们的特点。在向我们展示独具阿拉伯特色的异域风情的同时，也向我们展示了骆驼与埃及民族文化的关系。

这样一篇散发着浓厚异域风情的文章，六年级的学生对此充满了强烈的好奇心，所以针对学生的心理特点和认知水平，在课程设计上我意在夯实基础，把激活学生思维与发展语言能力结合起来。

二、 找到问题切入口，形成教学对话

《在埃及数骆驼》中的场面描写是我想通过课文带给学生的一种写作方法。因此，在设计文章"主问题"时便以此为切入口：为了让读者对骆驼市场产生身临其境的感觉，作者运用了哪些写作方式来为我们展现？经过引导，学生可以从文中找到以下一些方法：如运用多种感官角度描写，运用由远及近的空间顺序以及点面结合的写作手法等，由此引出场面描写的知识。这也就是我这篇文章的首要教学目标： (1)通过朗读、圈画等方法，体会埃及骆驼市场的特色及骆驼贩子的特点。 (2)学习场面描写的方法。

此外，这篇文章的另一个教学目标就是："感受作者笔下骆驼市场所体现出来的纯正的埃及风土人情，了解骆驼与阿拉伯民族文化的关系。"这是一个教学重点，也是一个教学难点，因此这也要求我将目标定位在通过对语言的品读，

体会骆驼市场及骆驼贩子所体现出的特点，由此来感受文章所展现出的异域风情。

三、 创设感悟情境，转化抽象思维

整堂课的教学活动设计主要围绕创智课堂"形成教学对话"这一维度进行的。语言的学习是语文教学的根本。离开了语言的积累运用和感悟，语文教学也就彻底偏离了轨道。紧紧抓住教材这个"例子"，为学生搭建语言实践的平台，是整堂课所要贯彻的一个思想，充分发挥老师作为课堂引导者、组织者、参与者的作用，在上课过程中，注重让学生掌握阅读分析的方法要领，并能举一反三。如对于本文的主要表现手法——场面描写的学习，通过师生共同学习第一个场面——喧闹的骆驼市场，学生了解了场面描写的一些基本特征，在此基础上，学生自主学习第二个场面——驮贩交易。教师只做适当、适时的点拨。引导学生在实践中内化语言，运用语言，才是真正"以学生为本"的课堂。正如陶行知先生所说的"我认为好的先生不是教书，不是教学生，乃是教学生学"，学生只有通过自己分析、感悟掌握的内容，才是真正的"学会"。

（上海理工大学附属实验初级中学　张业韵）

第二节

提高问题转化的精准程度

不能及时把新的数学问题转化成原有的数学问题

面对学生，我认为转化思维的教学有两大困难。

一是学习的主观能动性相对较弱的同学占比较大，在平时学习过程中能够体现学生转化思维点的时候，很多同学已经不能跟上老师的课堂思维节奏，进行有效的数学理解并进行规范的数学表达。要根据班级中等位置同学听课的状态，所涉及的数学问题的熟练程度，决定是否能够进行成功的转化思维。

二是少部分能够完全跟上老师节奏的同学，他们已经是具备了非常强的数学理解能力，并且有了一定的数学解题经验积累，已经是非常优秀的同学了，但有时因为数学解题方法的局限或平时训练的量还不够，不能及时把新的数学问题与可以转化成的原有的数学问题类型之间建立起紧密的联系，导致转化思维的过程不能够独立、完整地表达清楚，需要借助老师的引导、归纳才能够进行完整的转化。

在这部分课堂教学过程中，能够体现出学生转化思维的闪光点就非常不容易捕捉到。课堂上的听课效率、听课习惯的培养，决定了学生学习状态的最终高度，所以教师面临的问题就是怎样在上课的有限时间内，对于学生的数学学习习惯、学习品质、自我要求乃至数学思维进行培养。这是教师需要好好分析总结的问题，要形成一定的课堂教学策略。

路径转向

提高问题转化的精准程度

要在上课有限时间内对学生的转化思维品质进行培养，提高学生分析、解决数学问题的能力，我认为从以下两个方面入手，是可以对学生这部分能力进行有效培养的。

一、 运用已有的数学知识进行转化

让学生意识到学习数学新知识的必要性，从情感上认同新知，才能使更多的同学愿意去应用新知，更熟练地掌握新知，提升班级整体的数学思维水平，这样才能使更多的同学在需要应用数学的转化思维时能够储备足够的数学基础知识，可以更灵活地运用已有的数学知识进行转化。

以直角三角形全等的判定为例，在学生已有的四种全等三角形的判定方法的学习之后，为什么还要学习直角三角形全等的特殊判定方法呢？我认为无非两点内容：（1）新知识能够简化原有知识的解题方法；（2）新知识能够解决原有知识所不能够解决的问题。直角三角形全等这节内容就非常能够说明问题。直角三角形全等的判定式为边边角，但在直角三角形这一特殊三角形中，我们是可以通过几何演绎证明，说明边边角在直角三角形判定中是可以成立的。所以这里就本身具有了一个转化思想的体现，并且解决了原来已经学过的四种三角形全等证明方法所不能够解决的新的问题。

学生只有深刻体会到了新知识学习的必要性，才能够认同新的方法，才能够主观上乐于去用新的方法，只有让学生体会到这点，才能够使更多的同学在课上有限的时间内更好地掌握新的数学知识，从而提升整个班级的数学基础知识的掌握水平，加深学生对于数学知识的理解，为以后转化思想解决新的问题

时能够灵活运用基础知识打好基础。

二、 让学生明确数学问题的类型

教师用自己的解题经验、教学经验，给予学生最精辟的解题方法的总结归纳，让学生对于数学问题产生的类型非常清楚，碰到新的问题时，对可能转化为哪些类型的问题可以灵活分析，这样就能够大大提高学生对于新的数学问题转化为哪些原有的数学问题的策略选择的精准程度。

例如在初三函数或证明题中经常会出现的面积相关条件，在大量的真题解题经验的积累下，在吃透教材的相关解题方法上，教师可以充满自信地给学生总结归纳出面积相关问题共有四条路：（1）直接算；（2）割补；（3）高相同或底相同的三角形面积之比等于对应底或高之比；（4）相似三角形面积比。这四大类方法中还能够进一步归纳为前两种方法一定是针对一个图形，而后两种方法一般是针对两个三角形才能够使用。

诸如此类的非常精辟的总结归纳，可以让学生对于相关问题可能有的解题策略非常清楚，就能够使学生碰到类似新的数学问题，当需要进行问题转化时，有非常清晰的解题策略进行选择，从而强化同一类问题转化思维应用的策略选择的准确性、提高转化思维应用的熟练程度，从而让更多的同学能够成功地将新的数学问题转化为原有的数学问题进行解决。

（上海市三门中学　蔡骁）

第三节

把握知识迁移转化的必要条件

缺少整理归纳的基本方法导致基础知识掌握不扎实

学生在初三复习时，经常存在基本概念掌握不扎实，相互联系的概念混淆不清，不能正确理解和熟练运用，导致一些基础知识题目经常扣分。如，人站立时对地面压强是 1×10^4 帕，表示什么意思？学生经常不能准确地表达其物理意义，出现各种错误，而且学生对基础知识不能引起足够的重视，缺少整理归纳的基本方法，导致基础知识掌握不扎实。而且学生总是认为基础知识考试前突击背一下就可以了，把物理的理解转化为死记硬背，使物理的学习缺乏灵活和变通。有的学生寄希望于通过考试来加强概念的理解，但是每次测试后基础知识扣分太多而经常有挫败感，从而会对自己产生怀疑甚至否定。

教材中的许多物理现象、物理概念、物理规律相互涉及面是很广的，内容也极为丰富。有些表面上看来似乎并不相干的问题，实质上却有着密切的、内在的有机联系，甚至遵循着同一规律。在物理初三总复习教学中，注意培养学生找出这种内在的有机联系，掌握它的规律，以增强应用所学知识去创造性地分析和解决实际问题的能力。物理教学中，在研究教法和学法的同时，也必须把研究知识的迁移规律放在重要地位，这对开拓学生思路、启迪学生求异思维能力、完成教学任务、提高教学质量是很有益的。

1. 前后知识之间的迁移

初中物理知识之间存在着相互联系，如学习力的概念，就为学习重力、弹力、摩擦力做好了准备；声音和光的传播速度特点正好相反；把重力做功、重力势能的理论迁移到分子运动中，就为掌握分子间的动能和势能铺平了道路……这都是根据已学知识通过逻辑推理而得出的结论。

2. 物理概念之间的迁移

初二物理学到的速度，是学生接触的第一个复合物理量。速度是"单位时间通过的路程"，其定义式是 $v = s/t$，可以让学生掌握通过公式来理解概念的方法，然后推而广之。我在复习速度概念时，会让学生看到"单位"时间，在"单位"后面的物理量在定义式中是在分母上，让他们掌握这类概念的特点，再让他们用这种方法接触全新的物理量，如功率、密度、电流等，根据定义去列定义式，提升学生的能力，同时让他们获得学有所用的快乐和满足感，也让他们在以后学习物理过程中，接触到完全陌生的概念时心中不慌。

3. 其他学科与物理知识之间的迁移

中学物理知识的迁移不只表现在自身内容的各部分之间，还表现在不同学科之间。最常见的是以下两门学科。

在数学方面：（1）图象法：如 v-t 图象、U-I 图象。（2）比例法：如两电阻串联消耗电功率之比、同种物质质量和体积之比。同时在物理计算中，有时用比例法解题还比公式法简捷。（3）数学方程：如一元一次方程、二元一次方程组等。同时大纲规定培养学生用数学解决物理问题的能力，是中学物理教学的任务之一。

在语文方面：语文知识同物理的迁移可谓是处处体现，阅读水平不高的学生，往往不能正确理解题意，建立正确的物理模型；或者有了思路，却不能全面而准确地回答物理问题等。

打好基础是知识迁移转化的必要条件

初中物理教材的知识体系是由现代技术、生产生活中联系最密切的一些物理现象和物理规律组合而成，学生接触的物理习题也是这个体系各部分（力学、热学、电学、光学等）知识的综合应用。在这个体系中，任何一个新知识的学习和所配备的习题，都是以前面学的知识和习题为基础的。而新知识的掌握和相应习题的正确解答，又为以后继续学习知识奠定了基础，这就要求我们在物理教学中，对这个体系必须认真研究，确切掌握其知识的迁移规律。

在物理教学中，不只存在基础知识、基本技能和方法的迁移，而且有纵向、横向和跨学科间知识的迁移。在物理教学中，必须认真地研究和掌握知识的迁移规律，这无疑有利于提高教学的效率。

一、 打好基础是知识迁移的必要条件

学生有稳定的心理状态，对知识的迁移来说是很重要的，但并不是唯一的。影响知识迁移的另一个必要因素，是有没有打好基础，离开了扎实的基础知识，知识迁移就成了一句空话。在中学物理教学中，各种基础知识之间都存在着不同程度的有机关联。如某一部分基础知识不扎实或未很好地掌握，就会直接影响知识的迁移，甚至阻碍知识的迁移。如有些学生学习很刻苦，整天忙忙碌碌，而学习成绩并没有明显的提高，我深切地感到这些学生的共同特点是不愿花时间去认真看书，去理解掌握物理概念和物理规律，仅仅满足于一知半解，特别是对容易混淆的物理概念，更是似是而非。这样下去，有的学生误认为自己笨，脑子也不灵光，其实知识迁移的缓慢或不能迁移的根本原因在于没有打好基础。当然对于灵活而综合性又大的题目，还需熟悉解题规律，掌握解题方法，开拓解题思路，提高解题技巧。但所有这些，都必须以扎实的基础为前提。所以在物理教学中，切不可本末倒置，要重视基础知识。基础知识掌握

得越牢，知识的迁移就越顺利，如果脱离学生实际基础知识水平，好高骛远地一味要学生具备迁移的能力，效果必将适得其反。

二、培养能力是知识迁移的关键

有了扎实的基础知识，无疑为知识的迁移提供了条件，但要使学生所掌握的知识能自觉地、主动地有效迁移，还必须具备一定的能力。知识并不等于能力，只能说，知识是能力的基础，能力是获取知识的条件，知识多的人，能力并不一定很强，因此千万不能认为把物理基础知识抓好了，能力也就自然地培养起来了。这就要求中学物理教学在传授知识的同时，应当重视培养学生的能力。

在物理教学中，精心设计每一堂课，有计划地培养学生独立思考和分析问题、解决问题的能力。讲课时给学生留下思考的余地，注意观察其神态，以利于掌握火候进行点拨，并把分析和解决问题的科学方法给学生进行必要的示范，有时还可以故意出错，让学生在积极求异的思维过程中探索解决问题的方法和规律，使学生不断增强能力，以促进知识的有效迁移。

三、认真指导是促进知识迁移的重要因素

打好了基础，培养了能力，确实为物理教学知识的迁移铺平了道路，但绝不是说，教师就可放弃必要的指导。实践证明，基础扎实、能力很强的学生，知识的迁移虽可自觉地实现，但总是存在迁移的快慢和迁移的方法问题，对一些涉及面广、灵活性高的问题，也并非一律均能迎刃而解。教师认真指导，学生就可能减少或避免知识迁移过程中不完善的出现，也可节省学生时间，让学生少走弯路。指导的重点应从实际出发，循循善诱，应用所学知识科学分析综合解决问题的思路线索和方法。应指导学生自己分析，找出造成错误的原因，并总结出解决这一类问题的方法。

因此，在物理教学中，使学生养成良好的学习习惯，打好物理基础，同时教师加强必要的指导，培养学生的能力，是促进知识顺利迁移不可或缺的。教师在采用行之有效的教法、认真研究学生的学法进行物理教学探讨的同时，必须探讨知识的迁移规律并考虑影响知识迁移的各种因素，这样才能更好地提高

教学效率，完成中学物理的教学任务，并让学生在学习过程中提升学习物理的能力。

（上海市铁岭中学　吴渊）

第六章

类比性思维：用简单问题的解答方法建构复杂方法

G·波利亚说："类比是一个伟大的引路人。"类比性思维是进行合情推理的一种非常重要的思维方法。它是大自然中各种事物之间的一种相似：当两个对象系统中某些对象间的关系存在一致性或者某些对象间存在同构关系，或者一对多的同态关系时，我们便可对这两个对象系统进行类比，从而可以从一个对象系统得到的某些结果去猜测和发现另一系统的相应的新结果；在我们分析问题解决问题的过程中可以用简单问题的解答方法去找到原问题的解决方法。

发现知识结构之间的相似性

忽视数学概念的形成与联系

学生思维的形成过程一般都是从形象思维发展到经验型的逻辑思维和理论型的逻辑思维，思维的不断发展与教师在教学中有意识的培养有很大的关系。然而，就目前初中数学课堂教学情况来看，仍然存在着若干问题，如：忽略新旧知识衔接；忽视数学概念的形成与联系；缺乏发散思维教育。

1. 忽略新旧知识衔接

任何学科的知识都是互相联系的，尤其是在数学教学中，新知识的学习离不开旧知识作为基础。通过前面学习的基本定理、公式，可以推导出新的定理、公式。在课堂教学中，有些教师却忽视了新旧知识的衔接，孤立地讲解某一方面的内容。照本宣科的教学方式使学生对所学的知识没有系统的认识，对前后知识点的内在联系没有理解透彻，容易产生学了后面忘了前面的现象。

2. 忽视数学概念的形成与联系

在教学过程中，数学教师通常会结合教材内容先进行理论知识和数学例题的讲解，然后指导学生结合例题内容进行数学练习。将课本知识全盘托出，是数学教学过程中大多数教师的做法。这样呆板的教学方式，使得学生死记硬背数学概念而不能理解，知其然而不知其所以然。学生跟随教师的讲解思路，将例题解题思路套用在数学练习上，形成固定的解题思路和方法，而对数学概念的形成与联系缺乏整体性、系统性的总结，导致学生不能在大脑中形成完善的概念系统和知识网络，概念模糊。长此以往，学生在面对实际数学问题时容易陷入困境，遇到综合性较强的问题时，不知道运用哪一类数学概念来解决问题。忽视相关概念的联系教学，严重阻碍了学生的思维能力和创新能力的发展，同时也导致学生学习效果不佳。

3. 缺乏发散思维教育

对于传统的教学方式，教师只重视运算原理、运算顺序和运算技巧的教学，忽略培养学生的发散思维，忽略在教学中创设合适的教学情境，使得学生的思维无法继续延伸和拓展，不利于学生对知识的理解和吸收。在知识的发生阶段，学生思维表象的依据不足。类比活动中的潜意识培养，需要教师在日常教学中不断地创设相关表象，让学生对比感知，并作为思维素材积累沉淀，而这正是目前的课堂教学中所缺少的。

路径转向

发现知识结构之间存在的相似性和可比较性

类比是从特殊到特殊的一种猜测、推理，从一个已知的领域去探索另一个领域，这正符合学生的好奇、渴望了解陌生世界的心理。这样可以极大地激发出学生的兴趣，让学生去主动地探索、研究新的知识。数学教材中，很多新的知识很大程度上是在先前的知识上发展而来的，在方法、思想等方面都有着一定的联系。一旦学习的主体发现了这些联系之间存在的相似性和可比较性，那么就可以利用原有的认知结构有效地学习新知识，同时也可以将先后的知识组成一个完整的体系。

数学课堂教学中，我们不妨恰如其分地创设类比联想的问题情境，展现数学的思维过程，把每一个环节展现给学生，让学生尝试观察和类比。学生对已学知识掌握的水平，直接影响到类比能否顺利实施开展。只有相关知识作为基础，才有进行类比探究的可能。展现知识点的形成过程，有利于学生在自主的学习活动中感悟到其中的思想方法和内在联系，这样学生才能在遇到新问题时利用这些思想方法进行类比思维。当学生遇到一个陌生的问题时，如果有了类比的意识，他会联想一个在形式或方法上较为熟悉的问题来进行类比，发现其内在联系，架起桥梁，找到知识与知识、方法与方法之间的关联，激活学生的思维，从而去提高学生的思维能力。

以下是一节《6.6（2）一元一次不等式的解法》的新课教学设计，通过一元一次不等式与一元一次方程的比较，渗透类比的思想方法；通过新旧知识的衔接，激发学生的求知欲和进一步探索的乐趣。教学片段如下：

一、 新旧联系，复习导入

问题 1：回顾在方程的学习中，我们学习了什么？

问题 2：在不等式的学习中，我们已经学了什么？

问题 3：接下来，我们应该要学习什么？

通过回顾已学习的方程知识体系，将方程与不等式进行类比，引导学生的发散思维，激发学生对新知识的学习兴趣，进而引申出本节课程所要学习的新内容，以达到温故而知新的效果。类比思维有助于学生将新旧知识点串联在一起，从旧的基本知识点出发，由表及里、由浅入深地对新知识点进行学习，更加全面、系统地理解新旧知识的内在联系，从而提高课堂教学效果和学生的自主学习能力。

二、 类比概念，理解新知

问题 4：什么是一元一次不等式？

追问 1：你是怎么想到的？

追问 2：翻开书本第 59 页，看看书本对一元一次不等式概念的定义，并圈画出关键词。

数学概念教学中，能运用类比思想对概念进行学习，通过一元一次方程的概念和一元一次不等式的概念类比，使前后知识点能互相对应，这样对学生深刻理解概念是大有裨益的。同时也有助于学生加强理解概念间的联系，有助于对概念的记忆、理解。

三、 运用类比思维探索解题思路

问题 5：接下来我们就来学习一元一次不等式的解法。（板书课题）

追问 1：老师不讲，你会解一元一次不等式吗？

追问 2：解一元一次不等式的基本步骤是什么？（小组讨论）

追问 3：你是如何想到的？

追问 4：解一元一次方程和解一元一次不等式的基本步骤是类似的，不同的地方在哪里呢？

在解题思路的教学上，通过与一元一次方程解法的类比，让学生猜测一元一次不等式的解法。类比不仅是一种从特殊到特殊的推理方法，也是一种探索解题思路、猜测问题答案或结论的一种有效的方法。这对数学教学中培养学生的创新能力和创造性思维能力有着极其重要的作用，教学中应引起足够的重视。

类比是数学研究与数学发现中常用的逻辑思维方法。它不像数学知识如概念、定理、公式等明显地写在教科书上，它是无形的东西，往往被忽视。因此，在数学教学过程中，若能注意介绍类比的方法，并引导学生应用，不仅有利于学生对数学概念、原理和数学解题方法的深入理解，亦可促进学生在论证和解题中发现一些新的方法，有助于学生提高数学思维能力。

（上海市铁岭中学　许文洁）

第二节

用已有的概念推导新的概念

不知该如何去探究，缺乏设计思路和方向

初中学生正处于从具体的形象思维向经验型抽象逻辑思维的过渡阶段，学生具有从数字概括到抽象概括的特点，是学生思维发展的转折点，思维发展处于关键期。在初中物理教学中经常会碰到学生在比较思维上有这些问题。

1. 错误的观念引起思维混乱

初中学生的逻辑思维尚未完全形成，由于缺乏正确的引导，学生往往会想当然地形成一些错误的认识。很容易根据事物的表面现象和日常观念去分析物理问题，无法运用物理概念和规律分析问题。这是对物理概念和规律的理解停留在表面，没有深入思考和理解而引起的思维混乱。

2. 学生存在思维定式

思维定式也称"惯性思维"，在环境不变的条件下，定式使人能够应用已掌握的方法迅速解决问题。而在情境发生变化时，它则会妨碍人采用新的方法。消极的思维定式是束缚创造性思维的枷锁。思维定式对初中学生学习物理会产

生错误的思维倾向，不会去比较不同问题间存在的差异后分析问题。

3. 学生缺乏探究能力

中学物理探究实验课程教学过程中，探究活动如果由教师指导，学生跟着教师所授的实验步骤去做，往往激发不了学生学习兴趣，活动效果不佳。若由学生自己设计，学生往往不知该如何去探究，缺乏设计思路和方向。

路径转向

用已有的物理观念推导新的物理观念

将比较思维应用到课堂教学活动中，是课堂教学活动中应用较广泛的方法之一。在日常教学中将多个物理现象或物理概念、规律放在一定的条件下进行对比，从而找出共同点和不同点，进一步认识这些现象、规律的本质，让学生知道、理解、掌握这些物理现象或物理概念、规律，同时又可以培养学生思维的深度和广度。

一、 新旧概念比较，建立物理观念

物理观概念往往前后联系紧密，逻辑性强。因此，在引入一个新的物理概念之前，教师要弄清楚这个概念是建立在哪些概念基础上的。用已有的物理观念推导新的物理观念，既能使学生主动参与知识的形成过程，较好地理解新的物理观念，又能使其知识结构更加完善，思维水平得到提升。

例如在引入"压强"概念一节课时，在"探究影响压力作用效果的因素"活动中，分析实验现象可得影响压力作用效果有两个因素——压力和受力面积，同时总结出比较压力作用效果的两种方法，即相同受力面积下比压力和相同压力下比受力面积。然后提出若压力和受力面积均不同，怎样去比较压力作用效果的大小？此时，教师只要及时引导学生将此情景与速度进行比较，学生定会很快联想到应用 F/S 进行比较，最终顺理成章地自我总结出压强的概念和定义式，所有的困难必将迎刃而解，所有的认知结果必将水到渠成。这不仅实现了重难点的突破，也提升了学生的思维迁移能力。

二、 细微差别比较，消除思维定式

初中学生在学习物理知识时总是存在思维定式。思维定式就是一种思维上的"惯性"。其具体表现就是利用处理过类似的旧问题的知识和经验来处理新问题。思维定式是一种按常规处理问题的思维方式。它可以省去许多摸索、试探的步骤，缩短思考时间，提高效率。但是思维定式会养成一种呆板、机械、千篇一律的解题习惯。

如例题：重0.1千克的水壶内装有1千克水，放在水平面上，水壶底面积为0.005米²，水深0.1米，求：水对壶底的压强和压力。

在初三液体压强计算时，不少学生会认为液体对容器底部的压力等于液体的重力。但正确做法应是通过水深0.1米算出液体对容器底部的压强，再通过压强算压力。不少同学会做出9.8牛的错误答案，学生做错的原因就是在于思维定式，只有在竖直容器的条件下，液体对容器底部压力大小才等于液体所受重力大小。如让学生能区分不同条件下，解决物理问题所用的物理概念和规律，对学生提高物理思维能力有很大帮助。

针对上述问题，我们可以在教学中运用比较的方法，展示几种不同形状的容器，计算其中水对容器底部的压力和重力，并进行分析比较。通过比较后学生就很容易理解液体对容器底部的压力。由此可见，学生可以通过比较的方式来理解物理概念，克服惯性思维。经过比较，学生会更容易发现不同物理问题间存在的差异，能用与之相适应的物理概念和规律解决问题，同时能进一步加深对物理概念和规律的理解及应用的能力。

三、 相似实验比较，提高探究能力

在中学物理探究实验课程教学过程中，学生实验如果由教师指导，学生跟着教师所授的实验步骤去做，往往激发不了学生的学习兴趣，活动效果不佳。若由学生自己设计，学生往往不知该如何去探究。教学过程中，可通过相似实验比较，提高学生设计探究实验的能力。

例如在学习"光的折射"这节课中，需要学生做探究"光的折射规律"的活动。教师可将之前学习光的反射时学生实验活动的图像给学生看，引导学生将探究光的折射规律的实验与探究光的反射定律的实验作比较，设计实验，进行探究，完成课程目标。

比较是深化思想、产生新的物理思想和理论的重要方法。学生有了较强的比较思维能力，对于如何进行科学探究会有很大的提高。如学习浮力，比较能力较强的同学，就知道该去类比其他几种力的探究方法。要了解浮力，就要从浮力的三要素入手去探究。探究浮力的方向，可用探究重力方向类似的方法去探究。

由此可见，培养学生的比较思维能力，突破教学重点、难点，通过比较确认物理概念和规律的主要和次要特征，共同点和不同点，进而把物理概念和规律分门别类，揭示出物理概念和规律之间的从属关系，使知识系统化。并且教师可以借助比较的方法引导学生由形象、直观的感性认识上升到抽象的理性认识，加深对物理概念和规律的理解，并在课堂里充分调动学生的学习积极性，让学生能主动学习、主动提问、主动探究、主动思考。让学生在体验、感受探究问题的过程中提升科学精神，学会如何解决问题。

（上海市同济第二初级中学　瞿佳腾）

第七章

逻辑性思维：准确而
有条理地表达思维过程

逻辑性思维是人的理性认识阶段，人运用概念、判断、推理等思维类型反映事物本质与规律的认识过程。逻辑性思维包括定义、分类、关系和顺序。定义明确了什么是主体，分类明确了按不同分类规则划分的类别，关系明确了主体与客体的关系及主体不同类别间的关系，顺序明确了各过程进行的先后顺序。逻辑性思维具有规范、严密、确定和可重复的特点。只有经过逻辑性思维，人们对事物的认识才能达到对具体对象本质规律的把握，进而认识客观世界。

循序渐进的概念形成过程

问题聚焦

无法形成最基本的由"因为、所以"构成的逻辑段

在初中几何的学习中，往往会出现个别学生几何板块学习异常痛苦，面对几何题只能交白卷的情况。几何学习中往往会用到定理，定理是由条件和结论组成的，学生不能理解条件和结论之间的联系，就不会使用条件推出结论，也就无法形成最基本的由"因为、所以"构成的逻辑段。究其原因，就是学生对概念掌握不扎实，不理解定理。

在几何证明学习的过程中，由于说理的严谨性，往往有一些同学发生漏证错证，主要表现在学生所列的条件和结论并不匹配，或是学生运用定理所得的结论并不能帮助解题，与题目所要证明的结论相去甚远，或是存在跳步的情况。还有一些同学虽然能完成证明，但解题速度慢，步骤繁杂，选用不合适的定理，逻辑性混乱，不知所云。

一部分学生在学习了较长一段时间的几何说理后，能运用相应的定理，也能写得较为简洁，但只会运用这一种方法，不会进行思维迁移，不能进行一题多解；然而，还有一些同学则会用出其不意的方法，既简单又高效地完成了所

需的证明。对比这两种学生，仔细观察他们的解题过程，就会发现相当一部分解题思路有问题的同学，做题目的性不强，指向不清晰，往往只会选择自己熟悉的定理去解题，自己会什么就用什么，而忽视题目本身要求学生所求证的内容，其实这就体现了一个同学的逻辑思维能力的高低。例如在学习三角形全等的应用时，有些同学会用到等腰三角形三线合一的性质，可以既快又好地解题，但是有些同学只会用全等三角形的判定，且往往需要用 2 对甚至 3 对三角形全等才能解出题目，既费时又费力。

路径转向

循序渐进的概念形成过程

一、 帮助学生更好地理解概念

在平行线的性质这节课中，主要有三条性质，根据教参的安排，需要分成三节课，一节课一条定理。在实际教学过程中，可以将书上三条性质合并为一节课，采取单元教学的方式，重新将教材内容排列组合，利用原有学习平行线的判定为基础，即在一节课时间内，完成平行线的性质 1（两直线平行，同位角相等）、性质 2（两直线平行，内错角相等）、性质 3（两直线平行，同旁内角互补）这三条性质。这样能使学生对平行线性质的概念理解更加完整。在课程开始时教师首先提出问题 1：上节课，我们学习了哪些平行线的判定方法？此时同学思考，分别说出三条判定定理。然后教师追问学生：请同学观察这三条判定，它们的条件和结论分别是什么？由于三条判定都可以得到两条直线平行这一结论，由此反问：在"两条直线平行"这个条件下，同位角、内错角、同旁内角又各有什么关系呢？由此激发学生的学习兴趣。

紧接着，学生动手操作，归纳性质。此环节类比研究平行线判定的思路，首先研究两条直线平行时，同位角的数量关系。学生通过操作活动，在练习本上任选一组平行线，作一条截线，选取一组同位角进行测量，发现同位角相等，进而引发猜想并用文字表述，即两直线平行，同位角相等。最后根据学生的猜想，教师运用几何画板进行验证，再归纳总结。这一部分学生完整体会了提出问题→猜想→证明结论→归纳总结的过程。习得了"两直线平行，同位角相等"这条定理，为接下来推理得出性质2（两直线平行，内错角相等）、性质3（两直线平行，同旁内角互补）做了铺垫。

二、设置合理的追问环节，环环相扣，引导学生边学边用

在学习完平行线性质1（两直线平行，同位角相等）后，教师可以启发学生，让学生自己运用简单推理，得出性质2（两直线平行，内错角相等）、性质3（两直线平行，同旁内角互补）。

在实际教学中的过程中，教师提出问题3：在三线八角中，我们还学过哪些角？学生回答：内错角，同旁内角。教师第一次追问：两条平行直线被第三条直线所截，内错角会有怎样的数量关系？同旁内角会又有怎样的数量关系？此时学生经过思考，得出"两直线平行，内错角相等"的结论。教师进行第二次追问：你能用性质1（两直线平行，同位角相等）和其他相关知识说明理由吗？这个环节让学生自己大胆说，大胆想，同时在这个环节中，学生可以运用性质1（两直线平行，同位角相等）进行说理，达到了将结论活学活用的目的。之后教师进行第三次追问：你能写出推理过程吗？这一过程是将口头表达转换成写的过程，进一步让学生理顺说理的过程，训练其逻辑思维能力。

而学生在证明完"两直线平行，内错角相等"这一结论后，再运用同样的过程，证明平行线的性质3：两直线平行，同旁内角互补。在推理中，则让学生尽可能自己叙述推理过程，并总结归纳，为后续使用定理做准备。此时学生手里有两条定理，工具较多，在教学过程中可以适当进行一题多解，并选用不同的角进行解题，最终帮助学生把定理融会贯通。

三、通过不同解法的对比，提升学生逻辑思维能力

在学习完三条性质后，教师配以下例题。

如图：已知 $AB /\!/ CD$，$BF /\!/ DE$，$\angle B = 60°$，求 $\angle D$ 的度数。

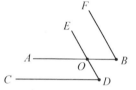

这道题可以用三条定理中任意一条进行解题，方法

多样，在解题的过程中，学生能感受到各个方法的不同，同时教师在这个阶段也可以将学生进行分组，由不同小组进行方法的类比，帮助学生完善几何说理的顺序，挖掘更多的解题思路，精简不必要的步骤，提炼学生的证明过程，培养学生的逻辑思维能力。在这节课最后，教师进行归纳总结，对比平行线的性质和判定的区别，帮助学生进行概念辨析，强化学生对定理的理解与掌握。

几何证明中的逻辑思维体现在学生的证明过程中，而学生证明是否得当，则源于其对概念的运用是否合理。本节课中证明"两直线平行，内错角相等"，花去了较多的时间进行论证，而这样的论证是否有必要？随着教研组教研员反复地备课磨课，以及以往自己备课的过程中发现，知识点是不能通过告知和操练习得的，这样的教学结果是学生对概念定理理解得不到位，对知识点运用的能力欠佳。学生必须经历知识形成的过程，这样才能在自己的脑中建构起一个较为完整的知识框架，而后主动地发现各个知识点之间的联系与不同，最后才能更加深刻地理解概念，最终将所学知识点进行灵活运用，形成良好的逻辑思维能力。

（上海市同济第二初级中学　陈佳骏）

第二节

挖掘文本阅读推理思维体系

阅读中推理思维缺乏逻辑性

在阅读教学中，学生的英语阅读思维能力的培育主要存在以下几方面的问题。

1. 阅读中推理思维缺乏逻辑性

逻辑性即对事物进行观察、比较、分析、综合、抽象、概括、判断、推理，采用科学的逻辑方法，准确而有条理地表达自己的思维过程。在初中的英语阅读中，提升学生阅读思维首先要让思维有逻辑性。但是，从我们的日常教学中，我们会发现许多学生往往没有达到一定的标准。比如，现在的英语阅读中，有首字母填空的题型，学生失分率特别高。 When we got there, my uncle and aunt were b＿＿＿＿ on the farm. I helped them feed the chickens and horses. 从上下文我们可以知道，当我们到达农场时，叔叔和阿姨非常的忙碌。我帮他们喂了鸡和马，这里应当填写 busy。这是从上下文内容中可以通过思维逻辑性判定出来的，但是我们将近三分之二的同学没有填对。

2. 阅读中推理思维的分析较浅

阅读教学中的分析推理是学生能够根据文章中给出的内容和已知信息，进行正确的判断和分析预测。在英语阅读中，学生要想理解文章含义，少不了对段落和语句的推理。我们的学生对文章内容的分析和推理上存在不足，对信息解读错误的情况时有发生，影响阅读题目的准确率。比如，文中提到 The plane leave for London at 3pm. The plane ticket says "All passengers must arrive at the airport two hours before the departure time." 问："When must we arrive at the airport?" 很多同学直接填三点钟，没有去关注提到的机票上的内容是什么，更没有分析推理出到机场应该是几点钟。

3. 阅读中推理思维欠缺概括总结性

概括就是把不同事物的共同属性（本质的或非本质的）抽象出来后加以综合，从而形成一个日常概念或者科学概念。概括在智力活动中的作用非常重要。没有概括就没有概念，没有概念就无法进行形象思维。英语阅读中需要学生对各个段落的大意进行概括，通过概括，文章的内容能够呈现得更加清晰，形象思维更加明确，也更有助于学生的理解。然而，学生对英语文章的概括上存在表面化的情况，比如一篇文章描写的是日本的樱花节，文中包含什么是樱花，樱花节什么时间开始，人们怎样庆祝，日本有多少樱花树等信息，要求选取适合的题目。很多同学选的题目是樱花而非樱花节。这就体现了学生在整体提取信息和概括总结方面的缺陷，看问题比较片面，没能从宏观上把握文本。

转型路向

挖掘文本阅读推理思维体系

一、 潜心研读，挖掘文本阅读推理思维体系

提高初中生英语阅读思维能力，前提是教师做好文本研读工作，自身足够了解文本，以此为基础来设计阅读任务，引导学生按照文本形成正确的阅读思维。文本不单单承载着语言知识，同样也可以传达思想、情感，甚至是文化。我们需要潜心研读文本，掌握文本的主体、框架，并以此来设计相关任务。教师在备课过程中需要从搜寻信息、培训思维、体悟感情等多个角度来解读阅读

文章的相关内容，以此为基础打造各种各样的阅读互动，缩短学生和文本的距离，利于学生正向阅读思维走向的形成。

二、 设定问题，锻炼学生阅读推理思维能力

阅读教学期望学生可以掌握文章的思想内涵，按照理解深度，它可以划分成三类，分别是表层理解、深层理解、评价性理解。前者需要学生了解文章字面含义，也就是说可以复述文章内容即可；后者更具有创造性，能够了解到文章背后所蕴含的信息，也就是说学生需要了解文章的言外之意。培养学生的阅读思维，需要按照文章要求，按照从表到里、从浅到深来设计阅读理解任务。主要策略有以下两种。

（1）通过表层问题任务来提高学生对文章细节的提炼能力。设计有利于学生掌握主旨要义的任务，引领学生尽可能找到本文关键词；还应设计和细节相关的任务，此时可以利用扫描策略，使得学生可以快速掌握文本中的细节。

（2）通过深层问题探究来提高学生阅读思维能力。阅读的难点在于以文本表层信息为基础展开推理和判断。对于这一点，教师需要考虑深层问题，培养学生思维。推理、判断类型的问题设计往往是要求学生按照文本细节或整体内容，经过逻辑关系推理来了解作者想要表达的真实含义。学生在掌握主旨大意的基础上，通过问题导向，从而进入对文本更深层次的分析、推理和整合，逐步提升学生的阅读思维能力。

三、 探究文章，构建整体阅读推理思维结构

对文本的学习不单单局限于掌握文本信息，还应当掌握文本框架，了解文章的走向，即让文章更加形象。让学生自己提炼文章框架，能够有效地提升自身的概括与分析能力，而且学生在复述课文或者进行写作的时候可以以文本框架为依托，通过思维导图、简单树形、关键词等方式，学生在完成任务的过程中脑海中形成整个文本的脉络概念，使得阅读思维更加形象和立体。

四、 设计词汇，融入阅读推理思维模式

一篇文章是由一个个词汇组成的，若学生在词汇认知方面存在障碍，自然阅读效率比较低。为此，教师在阅读课文之前需讲解部分过难词汇，消除阅读

障碍。然而这种做法不利于学生在文章语境下认识词汇，最佳方法是以文章教学为前提，利用上下文语境掌握词汇含义。教师可以提前降解部分陌生词汇，余下不到 3% 的词汇联系上下文由学生自行猜测，通过形象思维，更好地理解文章中的词汇，通过上下文的逻辑和分析推理出词汇含义，更有利于阅读思维培育。

（上海市宝山区罗店第二中学　高静）

第三节

设计有逻辑关联的追问

探究实验只重形式

学生思维水平不高，一方面是由于物理概念本身具有一定的抽象性和概括性，另一方面是由于初中阶段学生逻辑思维能力发展尚未成熟。目前就初中物理课堂教学情况来看，在实施教学过程中，仍存在只注重解决物理学科知识，探究实验只注重活动的形式，缺乏引导学生进行更深入思考、根据已知进行推理新知的过程。

1. 学习支架不够

初中生逻辑思维能力发展尚未成熟。课堂教学停留在表面，不创设情境，促进学生思维，单一讲题、做题只是让学生成为陈题解答的"熟练工"。很多教师会在每一个教学环节都创设情境，但有可能情境创设与学习内容联系不紧密，或者无法引发学生更深的思维。

2. 提问形式单一

在课堂内容生成的过程中，提问可以引发学生思考，但是课堂上的提问如果只是简单的"是"或"不是"之类的问题，无法激发学生的思维。例如，学习"惯性"时，问：踢球时，球由于具有什么会继续运动？答：惯性。问：车向左拐弯时人会往哪侧倾？答：右。这类问题的回答往往很快很齐。再问：请解释为什么人被绊倒时向前倒，而滑倒时却向后倒，这时学生们就不知如何解释了。这样的思维定式让学生遇到新问题往往束手无策。

3. 探究实验只重形式

在新课教学中，往往会通过实验来激发学生兴趣、得出概念和结论。但是实验各环节不精心设计，实验过程流于形式，分析结论没有充分思考，结论浅尝辄止，达不到良好的育人目标。

路径转向

设计有逻辑关联的追问

在教学过程中，需要教师不断优化课堂中的教学设计，深挖每个环节，创设促进思考的环境，来提高学生推理能力。

一、 创设亲身体验的情境

物理知识很多来源于生活，现在的学生很多缺乏生活体验，因此需要搭建一个情境的支架，把他们的已知与未知联系起来，通过进一步的思考，推理得出结论。例如，在"摩擦力"一课中，首先通过手压桌面滑动、没动但有运动

滑动　　　　　　**有向前运动趋势**

任务一：将手压在桌面上并向前滑动，你有什么感受？　任务二：手有向前运动趋势，并没动，你有什么感受？　图2　用物体表面模型分析摩擦力产生的条件

图1　学生活动：感受摩擦力

趋势来感受摩擦力的作用效果和方向。通过动画演示摩擦力的作用点和方向。其次通过使用放大镜观察桌面，用物体表面模型模拟，基于情境，推理分析得出摩擦力产生的条件。

二、多些提问和追问

教师要抓住学科的特点，利用提问和追问的形式，在课堂上鼓励学生根据条件和情景进行合理的推理，提高学生的推理能力，突破思维定式。

在"摩擦力"这课中，筷子提米实验是一个用来引出摩擦力知识的趣味实验。我把这个演示实验设计如下。

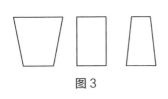

图3

首先提出问题：要完成筷子提米的实验。然后分析实验成功的关键：增大筷子和米粒间的摩擦力。接着引导学生思考实验器材并用说明理由。选择杯子：有金属杯、玻璃杯、塑料杯。学生会得出选塑料杯，因为塑料杯重力小。而且塑料杯壁更粗糙，摩擦力更大。再思考容器的形状：那如果有三种底面积相同而形状不同的杯子（如图3），该选择什么形状的杯子？并说出理由。学生思考后得出：第3个。因为它口小，呈现向内挤压的状态，产生的压力更大。

继续思考筷子的选择：金属筷、塑料筷、一次性木筷，该选哪根筷子呢？学生很快能够得出：木筷表面最粗糙，有利于增大摩擦力。提问：杯子里面装黄豆、绿豆、大米，哪种更容易实验成功？学生思考后得出：大米。因为黄豆和绿豆的表面比较光滑，大米更粗糙些。提问：有没有更好的替代大米的材料？学生还能举出一些例子：小米、沙子等。

课堂上经过思考讨论和师生互动，得出此实验的最佳方案，重新设计后的演示实验不仅达到了激发学生学习兴趣的目的，还拓展了学生的思维宽度和深度，培养学生用已学知识进行推理的能力。

三、设计实验，给学生创造更多思考的机会

例如在学习液体压强时，学生都会认为液体压强与液体的重力有关。为了解决这个问题，突破这个难点，可以这样准备实验器材：三个底面积不同的圆

筒，底部截去后包上橡皮膜，注入相同深度的水后，观察实验现象然后进行分析。底部橡皮膜凸起程度相同，说明水的压强与水的重力无关，同时也得到了与容器底面积无关的结论。通过简单的现象就可以说明这个难以理解的问题。演示实验不仅能够引起学生的学习兴趣，也能引起学生思考，培养学生的推理能力。如果只是做一个简单的展示，只是激发学生的学习兴趣，无法达到最佳的教学效果，对锻炼学生逻辑思维和实验探究能力没有很大帮助。有时如果把演示实验改为探究实验，让学生用学到的知识进行推理并实验，这样的实验才能帮助学生提高物理推理能力。

推理能力的培养需要一个循序渐进的过程，并不能在"告知"和"机械训练"中得到发展。所以在物理课堂上，利用创造情景、提问和追问，探究实验应用物理观念来分析实际问题，进行预测、推理、解释等活动，从而发展学生的能力，促进学生思维的发展。

（上海理工大学附属实验初级中学　李玲）

第四节

对知识进行关联建立问题链

问题提出流于形式

提问是课堂教学常见的一种互动形式。问题可以引导学生的关注点，提升学生在课堂上的专注度和效率；也能改变以往"满堂灌"的教学模式，提高学生课堂参与度，激发学生的学习兴趣；同时对引导学生思维、培养学生能力也能起到很好的作用。但是仍然存在以下问题：

1. 课堂节奏快、容量大

课堂上无论是教师讲授还是师生以问题形式进行的互动都由于急于落实教学内容完成教学目标，很多的化学课堂都是快节奏、大容量的。学生缺少思考的时间，长此以往，不利于学生思维的发展。

2. 问题不能引起学生兴趣

课堂上很多的问题局限于课本、局限于知识、局限于思考而不是动手，学生不能尝试通过思考并动手获得成功感受，对这些理论上的问题缺乏解答的兴趣。

3. 问题提出流于形式

教学的主体是学生，为了体现其主动性，很多课堂上往往会以学生的参与度作为重要指标。但是一些课堂上的问题价值不高，为了提问而提问，对学生的引导不足。部分问题仅仅针对知识的浅表性提问，对知识的挖掘不够，对问题的整合也不够。没有关注问题之间的关联性、层次性和递进性。

路径转向

对知识进行整理和关联建立问题链

化学教学过程中我们会面对教时短、内容多、考试压力等多方面的影响，但是我们仍然应该将教学最重要的目标指向学生思维能力的培养。要重视问题的解决过程，课堂教学中要舍得给予学生思考的机会和时间。要精心设计问题，将相关问题进行关联和梳理形成问题链，引导学生的分析，帮助学生建立分析、判断、解决问题的一般步骤并锻炼化学知识解决实际问题的能力，培养逻辑思维能力。

一、 课堂留白给予学生思考空间

"满堂灌"的教学方式可以快速地下放知识点，但从实际效果来看，铺天盖地的知识点攻击，学生的接受及掌握却不令人满意。我们在教学中发现学生上课通过听获得的信息仅有 20％ 左右，加上一些板书或者教师的肢体表现等其信息获取量也是极有限的，经过其他学科知识的稀释和时间的推移，信息记忆会淡化或者出现偏差。知识没有掌握这一情况会在接下来的练习或者测验中反馈给教师。教师会在之后的教学中再一次重复讲解巩固，我们常常会听到老师抱怨：讲了多少遍还会有错！这其实就是学生被动地接受记忆知识，缺少自我思考和消化的真实反映。

化学这样的理科教学更需要在课堂上留出足够时间，让学生能够自我审视和反省。知识在头脑中翻滚的过程能让学生更好、更准确地记忆知识、掌握知识。教师要准备足够多的问题角度，让学生有机会多角度多维度地理解这些基本知识概念。基本化学概念的辨析就需要经过这样的打磨才能更加符合中考考察要求。

二、 对知识进行整理和关联建立问题链

化学每一章都集中解决一个关键性的化学问题，每一节内容也是关联性极强的。如果教师能够将问题进行整合，按照关联性、递进性的要求形成问题链，在一个问题情景中解决实际问题。在这种层层递进的解决问题的过程中，学生的分析能力和联系能力能够得以强化，解决问题过程中知识的逻辑关联也能得以建立，从而提升逻辑思维的能力。

比如，在水的污染和净化这节课中，像这种与生活联系紧密，学生也具有一定生活经验的知识点，教师完全可以将课堂交给学生。如水的净化，教师可以提前让学生查找资料：自然环境中的水污染物有哪些？在课堂上，让学生将污染物归类：可溶及不可溶的杂质、微生物如细菌等。提问：如何除去难溶固体杂质？学生在第一章"混合物分离"中已经学习过除去难溶固体的方法，过滤。思考：对于一些大的难溶固体，还有其他方法除去吗？联系生活实际，沉降。那么可溶固杂质呢？比如一些色素，如何除去？在科学中，学生已经知道了活性炭的吸附性，他们可能会有所联系，如果可以课堂实验进行演示，会加强这一知识点的理解记忆。其他的一些可溶性的杂质呢？这里可以让学生查找资料，了解到一些可溶性盐类可以为人体提供必要的矿物质，是有益的，没有除去的必要。对于水体中的微生物细菌怎么除去？煮沸等。思考：当细菌较多或者煮沸难以杀死时该怎么处理？学生可能会联系生活认为可以人工杀菌。联系紫外线消毒原理，引导讲授其他具有消毒杀菌效果的物质：臭氧、氯气等，学习氯气消毒的原理。提问：如果你是自来水生产的总工程师，你如何设计生产的流程。学生分组讨论设计，交流评价。

通过这种问题链的形式，将一个或者几个知识点串联起来，让学生在课堂上自动思考成为常态。

三、 实验改进中的问题引发兴趣

化学是一门实验学科，实验不仅是手段，更是掌握学科知识、认识学科价值的重要途径。我们要善于引导学生发现实验中的问题，激发学生解决问题的愿望，从而促使学生主动学习、积极思考。

化学实验应从原理上进行理解：比如空气组成这一知识点中拉瓦锡的钟罩实验。教师可以选择用视频演示拉瓦锡实验。使用问题链方式，引导学生理解此实验的原理：反应消耗氧气不消耗氮气且不生成新的气体，导致容器中气压变小，大气压将汞液压入容器。提供资料：铁丝只能在纯氧中燃烧，木炭燃烧生成二氧化碳，红磷燃烧生成五氧化二磷固体，硫黄燃烧生成二氧化硫，铜丝在空气中加热生成氧化铜固体，镁带既能与氧气又能与氮气反应。学生选择实验改进药品。提问：如果燃烧红磷，我们如何对装置进行改进和简化？学生分组讨论解决。汇总交流，对装置进行点评和改进，复习巩固实验原理。钟罩实验演示，并分析对得出空气中氧气小于 1/5 的原因。提问：药品消耗较多，且装置形状不规则对体积分数估量不够准确，如何改进？学生分组讨论解决。交流点评。再以铜丝加热为原理进行实验装置改进的逐一思考和改进。

　　合作动手、实验创造，激发学生创造性解决问题的兴趣。实验原理、实验装置和实验步骤的反复辨析和推敲，对学生逻辑思维的建立和培养能起到非常积极的作用。

（上海市辽阳中学　刘红玉）

第八章

综合性思维：超越时空的想象组合

综合性思维是把某一事物的某些要素分离出来，组接到另一事物或事物的某些要素上的创造性思维过程。综合性思维是掌握系统、整体及其结构层次上的综合，它把相关事物的整体作为认识的起点，对事物的整体进行分析以达到对事物整体的把握。综合性思维是"综合-综合分析-新的综合"的思维运思，是超越时空的想象组合，是思维想象的跃迁。

第一节

重视知识的发生过程

忽视数学知识产生的推导过程

初中是学生逻辑思维能力形成、培养的关键阶段，另外根据学生的年龄特征，教师在教学要潜移默化地去化"有形"为"无形"，化"被动"为"主动"，化"学生"为"活动"，化"师生"为"朋友"地参与到学生能力培养的过程中去，从而使他们能更主动、积极地去学习。

许多教师在教学中都有过这样的经历，学生回答的问题往往令你大为恼怒，明明讲得很清楚的内容，居然还是出了错误。这时教师如果能顺着学生的错误去进行逻辑反问，也许既能解决学生的问题，又能让更多的学生了解到逻辑思维能力的巨大力量。

在数学教学中，尤其是初中数学教学，许多教师往往只注重将数学结论传授给学生，而忽视数学结论、公式产生的推导过程。也正因为如此，重视思维过程，从能力培养来讲就显得不可缺少。

重视知识的获取过程

　　"全等三角形的判定"是七年级第二学期在学生已经学习并掌握了全等三角形的概念和性质，已熟记四种判定的内容并能应用四种判定说明两个三角形全等的基础上的一节综合课。教材上的例题 11，根据六年级第二学期学过的用直尺、圆规作角的平分线的方法，画出了∠AOB 的平分线，请说明这种方法正确的理由。

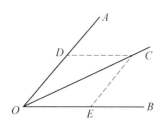

　　这是一道对六年级对规作图的方法进行说理的几何综合题，让学生体会几何作图不是简单的操作，只有理解作图依据才能掌握作图方法。首先，老师大胆的抛出了问题：用尺规作一个角的平分线。正如老师所预料的，有不少学生对这个一年前学的方法已经遗忘了，又如老师所预料的，忘记的学生被旁边会作图的学生稍一提醒立即回忆了起来，因此这个环节顺利的完成了，老师呢，则"悠闲地"在教室里巡视。等大部分学生完成作图后，老师抛出了第二个问题：请说明作法。学生能较准确地说出每一步的作法。老师抛出的第三个问题是为什么这样作出的射线就一定是已知角的平分线。这个问题一提出，反应可没前面两个问题那么大了，虽然是沉默，但从学生的眼睛可以看出他们在积极地寻找答案，于是老师又追问了第四个问题：这每一步做法都隐藏着怎样的等量关系？这个问题一下去，学生们立刻活跃起来，似乎老师给出的不是一个问题，而是点亮了他们脑中的一盏灯，让他们找到了思维的方向。在一番讨论之后，老师请了一位学生回答，同时老师用教学圆规借助 PPT 课件再现作图过程，帮助尚未理解的学生用作法找到等量关系，并将等量关系一一展现在课件上，并请了另一位学生完成说理过程的口述。

老师只用了四个问题便顺利结束这个环节的讲授，在学生对例题有了体会与理解后，紧跟上练习：用直尺和圆规作一个与已知角相等的角，并完成说理过程。由于例题的教学过程让学生的思维过程得到充分的有方向的自主发挥，绝大部分学生已经掌握了寻找尺规作图过程中的等量关系，并以此为已知条件进行几何说理，因此这道练习题也能顺利的完成。随后，老师立即进行小结，将刚刚的教学过程进行理论的升华，让学生体会几何作图不是简单的操作，只有理解作图依据才能掌握作图方法，要会发现问题，会根据已知与未知的关系、结合新旧知识的联系分析问题，进而体会正确的思维方法和言必有据的要求，用科学的方法解决问题。

在教学中，一个数学概念的形成、一个数学命题的建立、一个题目的解答通常要经过对概念、命题或题目进行观察、比较、分析、综合、概括、抽象、归纳、演绎的过程，还离不开直觉、猜想、实验、探索、美感等非逻辑方法，这就需要具备较强的逻辑思维能力。为了提高学生的逻辑思维能力，应使其做到以下几点：

一、 养成独立探索的习惯

探索的开始是由教师启发引导，然后让学生自己去分析，探索过程中教师可以适时提示，帮助学生沿着概念框架逐步攀升。起初的引导可能会多一些，以后逐渐减少，最后就无需引导，学生在基础知识、基本技能、基本方法的基础上继续攀升，这样才能使认识达到严格的只有伟大的艺术才能显示的那种完美的境地。因此课堂上把例题变形或引申时，要让学生积极思考、独立探索进而发现解决问题的过程，这样才能体会数学的美，更会有兴趣、有动力追求更高更广的知识。

二、 重视知识的获取过程

数学的抽象推理能力能直接反映学生个性的思维品质，区分思维严谨程度、深刻程度、灵敏程度、灵活程度的差异，从而有效地区分学习的潜力；分析问题、解决问题的能力，能使学生在独立思考中增加兴趣和动力，综合归纳能力，能使知识在学生的脑海中形成网络，关注知识的交汇点。

三、 鼓励学生质疑问难

　　七年级学生思维处于从直观形象思维向抽象思维转折的时期，教师通过活动教具、作图等引导学生操作、观察，归纳概括有关数学猜想。在此基础上，通过具体例子引导学生体会证明猜想的方法，并由特殊推向一般、从具体引向抽象，获得相关的证明。这样概括过程，使学生获得关于推理的一些直接经验，形象直观，有操作、有想象、有分析、有归纳，思维经历了从具体到抽象的过程。在获得定理的证明后，及时概括相应的数学思想方法，使学生的思维得到及时升华。接着，让学生用刚刚获得思想方法去证明其他猜想，从而及时巩固学到的知识。由于所有判定定理都是学生自己事先猜想出来的，而猜想的证明也是在教师的引导下学生自己独立作出的，因此学生从中体验到了自己也有能力获得数学定理，这对激发学生的学习愿望，形成数学学习的自信心也是非常有好处的。通过教学，长期坚持，潜移默化，学生的观察、猜想、分析、归纳、概括以及逻辑论证的思维能力都会得到很好的培养和提高。

（上海市昆明学校　黄虹）

第二节

对知识体系进行综合概括

不适应概念、定理、性质的繁琐与复杂

经常发现对学生提问一个数学名词的概念，学生回答不完整，或是完全回答不出，这就引发了我的思考。单一的掌握基础知识，或者拥有应试的能力，对于学生的数学学习来说，是不够的。初中阶段低年级的学生，从小学进入到初中最大的不适应就是概念、定理、性质的繁琐与复杂。起初，学生仅能做到机械记忆或者辨析记忆，这样的方式对于学生能力的培养收效尚微。因为知识在学生大脑中存留时间短，学生只把做题方法和技巧记住，而不研究"为什么"和"怎么来"。初中是学生数学思维快速发展阶段，学生的数学思维正处于由形象思维到抽象逻辑思维发展的重要时期，所以教师在教学过程中培养学生的数学概括能力显得非常重要。

在探索如何培养学生概括能力的方法中，教师可以用情境创设的方式培养学生学习兴趣后，发现让学生掌握概念的形成过程，对象的特征、对象的功能等属性，然后根据理解去概括总结效果更好。也可以给学生形成知识网，避免点状教学，这也就是当下流行"单元教学"的意义所在。建立结构至关重要，不仅数学学科，其他学科在学习的内容、方法乃至思想上都会有相似的地方，当学生能够对知识建立起联系后，可以类比学习，知识就犹如串珠被紧密联系。

用图表或知识树对知识体系进行综合概括

很多研究发现初中阶段低年级的学生比较愿意表达自己的想法，在上课时能够积极呼应教师，全身心投入课堂中来；而到了初二年级，大多数学生处于青春期，想法多，更多的是和自己对话或者和同龄人聊天。很大一部分原因是对自我的不确定，就是有些自卑。在鼓励学生发声后，就是要训练学生的概括能力。

一、 建构知识单元　培养概括能力

在教学时，教师要真正做到循循善诱，就是问题设计中的"追问"环节。上课时，经常碰到学生回答问题不完整或者是不准确，这就体现了学生知识点的离散性和不稳定性。这时候需要教师"穷追不舍"地提问，同时调整问题，提高沟通的有效性。比如，六年级第六章"一次方程（组）和一次不等式（组）"中对于一元一次方程、二元一次方程、二元一次方程组的概念，起初我会跟学生说一元一次方程的概念从字面意义，由它的三个特征去确定它，分别是未知数的个数、未知数的次数以及方程。对于这个简单的概念，多次判断、识别方程后，会很容易概括。然后二元一次方程的概念的灌输就进展的十分顺利。而不同的就是二元一次方程组的概念，多一个字，相差很大。学生发现可以由一元一次不等式组的概念去类比"组"的意义，但其中仍有不同，于是我还是让学生自己定义，不做点评。然后给出一些二元一次方程组的例子，让学生通过观察，小组讨论后纠正自己的定义，完善概括，这样让学生自己产生问题，发现问题，解决问题的过程更好的让学生参与课堂，也会使问题的输出更加高效，很多同学都十分感兴趣。

二、 提炼知识要点　拓展扩展能力

进入初中阶段后，教师要教会学生的一种"技能"就是抄笔记，这个抄不是机械的重复，而是有思考的一种理解方式，而很多学生排斥抄笔记。一种是觉得这是一种重复动作，没有必要，书上都有；一种则是不会抄笔记，不知道它与抄写作业的区别；还有一种就是没有形成做作业前复习笔记，回忆学习思路的习惯。而在数学教学中，有很多知识点的教学都是有相似性的，乃至可以类比学习。所以，如果学生能够理解笔记的用途，那么就会改变看法。首先教学生怎么抄笔记，按照同一个知识点的不同角度去思考。比如在七年级第二学期第十三章"相交线　平行线"中，学生就会发现学习平面几何，无外乎对象是什么（即定义），对象的特点（即性质），对象的确定（即判定），如果了解了这个顺序，后续"全等三角形"以及"等腰三角形"的学习都会接受得比较自然。然后教学生怎么用笔记，课堂笔记在各学科中都广泛运用，在预习和复习时，笔记则是好伙伴。预习时可以记录自己的问题，而课后就要针对这些问题做一个总结；复习时，则直接对某一个标题概念去回顾知识的形成过程。最后教学生笔记记什么，不是教师写在黑板上的全记录，而是把板书记录下来，将重点用不同颜色突出。长此以往，很多学生都能够建立良好的思维逻辑能力。

三、 凝聚知识结构　提升概括能力

拉普拉斯说过："发现真理的主要工具是归纳和类比。"用图表或知识树对知识体系进行概括，能使分散、复杂的内容更加系统、清晰，有助于学生理解、消化吸收所学知识，这也是概括能力的有效培养途径。开始的时候，可以给学生一个例子，结合单元化教学的方式，比如六年级第二学期"二元一次方程组的解法"作为小单元，给学生提供了两种方法去求解，当一个单元结束的时候，我就给学生提供这样的知识图（如下图），让学生填图。不仅让学生将学习内容建立，同时自然地灌输数学思想。而后期则可以把作业设置为开放性，让学生用自己喜欢的符号或是形式做一个关于某一章节的思维导图，更能够体现学生的思维。努力实现华罗庚先生说的由"厚"到"薄"的过程。

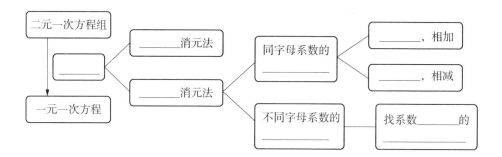

数学思维能力的好坏直接反映着数学素质的高低。学生数学概括能力的培养是数学教学中需要长期坚持的一项根本性任务。初中数学教师在教学过程中必须重视对学生概括能力的培养，探索不同的教学方法，调动学生积极思考，教会学生如何正确的思考，进而通过培养学生良好的思维习惯来促成数学思维能力的养成。

（上海市二十五中学　陈诚）

第三节

打通知识之间的内在联系

知识点分散在学习时难以进行联系

　　培养学生的科学精神，学会学习，就需要着重培育学生的综合思维能力。化学学科的知识点分散，学生在学习时难以进行联系，综合思维能力不够强。例如，在第五章的学习中我们观察到，学生分别学完酸、碱、盐这些常见的化合物之后，对这些知识点的掌握还是割裂的，没有打通，这就是因为综合思维能力的不足。盐酸、硫酸、氢氧化钠、氢氧化钙和一些常见的盐，它们的制备、性质、用途等都有所区别和联系。如果在课堂中教师只是将它们的性质、制取方式、检验等简单罗列，仅要求学生掌握具体的知识点，则达不到发展学生综合思维能力的目的。

路径转向

打深、打穿、打透知识之间的内在联系

　　基于学生的"最近发展区"，帮助学生打深、打穿、打透常见化合物之间的

内在规律和联系。

针对上述的问题，我们设计了"氢氧化钠变质实验探究"一课，将教材第五章和第六章的学习内容以及新课标主题六"化学实验活动"中的"物质的检验"一节的内容结合起来，融会贯通。通过内容的综合以及一系列复分解反应的实验，帮助学生打深、打穿、打透常见化合物之间的内在规律和联系。

在本节课中，基于学生的"最近发展区"，先展示"试管中溶液吹气后变浑浊"等情境，激发学生学习兴趣，接着设计三个探究活动，引导学生通过自主探究的方式提高学生综合思维能力，解决氢氧化钠变质的问题。

探究一：样品氢氧化钠溶液变质了吗?

1. 变质原因：$2NaOH + CO_2 \longrightarrow Na_2CO_3 + H_2O$（用化学方程式表示）

2. 设计实验探究样品氢氧化钠溶液变质了吗?（选用不同类别的试剂）

方案	实验步骤	实验现象	实验结论、化学方程式
1	取样，滴加过量稀盐酸	有气泡产生	样品氢氧化钠溶液已变质 $Na_2CO_3 + 2HCl \longrightarrow 2NaCl + CO_2 \uparrow + H_2O$
2	取样，滴加 $CaCl_2$	有白色沉淀产生	样品氢氧化钠溶液已变质 $CaCl_2 + Na_2CO_3 \longrightarrow CaCO_3 \downarrow + 2NaCl$
3	取样，滴加 $Ca(OH)_2$	有白色沉淀产生	样品氢氧化钠溶液已变质 $Ca(OH)_2 + Na_2CO_3 \longrightarrow CaCO_3 \downarrow + 2NaOH$

推理：变质后的溶液中溶质可能是什么? 如果样品全部变质，则只有 Na_2CO_3；如果样品部分变质，则应含有 Na_2CO_3 和 $NaOH$。

在探究一中，先复习前面所学知识，并将知识点进行对比，然后引入更深一层的思考，引入到上课内容。接着鼓励学生发散思维，设计各种各样的实验方案。

探究二：探究样品氢氧化钠溶液变质的程度

查找资料：$CaCl_2$ 溶液、$BaCl_2$ 溶液呈中性。

1. 分析：我们发现，检验变质的程度的关键在于确定样品中是否还存在 NaOH。

2. 设计实验探究已经变质的氢氧化钠溶液中溶质的情况。

实验步骤	实验现象	实验结论、化学方程式
取少量样品于试管中，滴加足量 $CaCl_2$，静置，再向上层清液中滴加酚酞。	1）有白色沉淀产生，且上层清液变红色	1）氢氧化钠溶液部分变质 $CaCl_2 + Na_2CO_3 \longrightarrow CaCO_3 \downarrow + 2NaCl$
	2）有白色沉淀产生，且上层清液呈无色	2）氢氧化钠溶液全部变质 $CaCl_2 + Na_2CO_3 \longrightarrow CaCO_3 \downarrow + 2NaCl$

在探究二中，重点分析检验变质的程度的关键，在于确定样品中是否还存在氢氧化钠，引导学生分析问题，抓住问题的关键。

探究三：提出问题：已经变质的 NaOH 溶液，如何转化成较纯净的 NaOH 溶液？

请小组讨论并画出简单的流程图。

$$\left\{ \begin{array}{l} NaOH \\ Na_2CO_3 \end{array} \right. \xrightarrow{\text{加入适量 } Ca(OH)_2} \left\{ \begin{array}{l} NaOH \\ CaCO_3 \text{ 沉淀} \end{array} \right. \xrightarrow{\text{过滤}} NaOH$$

对探究一和探究二进行归纳总结，学生会发现提纯物质的关键在于不能引入新杂质，不能将所要的氢氧化钠反应掉。通过探究三，培养学生将所学知识综合运用，设计实验方案，解决综合性问题的能力。

在以上三个探究活动中，让学生小组合作探讨，根据老师给出的问题，自己分析，自我设问，自主解决，相互评价。在整个过程中通过 Aischool 教学平台展示学生设计的探究方法，可以向全班的同学展示正确的或错误的思路，这样就是以学生的思维教学生，效果更好。新课改后注重探究式学习，教师通过设置问题，步步引导，让学生形成综合性思维。

培育学生的综合思维能力是学好化学的关键，让学生学会学习，有利于他们的可持续发展，有利于对学生赋能。只有学生善于综合思维，才能善于创新，从而培养学生的合作精神和社会责任感，提高未来公民适应现代社会生活的能力。

（上海市铁岭中学　刘敏）

第九章

创新性思维：人类最高层次的思维方法

对于创新，我们可以有多方面的理解，说别人没说过的话叫创新，做别人没做过的事叫创新，想别人没想的东西叫创新，但创新不一定非得是全新的东西，把旧的东西以新的形式包装一下也叫创新，把旧的东西以新的切入点处理也叫创新，改变一个事物的总量或结构都叫创新。创新性思维是打破固有的思维模式，从新的角度，以新的方式思考，进而得出不一样的且具有创造性结论的思维方式。好奇和自由是创新性思维的源泉。

第一节

让学习者产生内在动机

低效能感使学生不愿投入更多的时间和精力来努力学习

我所任教的初三 Z 班，是一个只有 16 名学生的小班。这是一批自我效能（Self-efficacy）不高的学生，他们对考取自己理想的高中这一任务，所抱的信心程度普遍都不高。低的自我效能感使学生不愿投入更多的时间和精力来努力学习，也不愿意对自己的学习方式做出新的改变与尝试，故步自封使得他们的学习状态一直处在一个较低的水平，无法形成突破。家长也想尽了办法来提高孩子的英语成绩，但是孩子连最基本的单词都背不进去，实在束手无策。

路径转向

创新评价——学习产生内在动机

通过对这个班级的研究和分析发现，我所面对的是一群自我效能感极低的学生，他们的学习动机表现得非常弱，有时在班上无所事事的表现及空洞的眼神会让人觉得他们基本是处于一种无动机（Amotivation）的状态，由于这个班级缺少学习成绩好，能起到榜样作用的学生，所以我想尽办法去更多地接触了解这16名同学，试图从中找到"可造之材"。有一天在放学回家的路上，我遇到了班上最调皮捣蛋、爱煽动同学情绪的L同学。他跟我聊起，他的父亲非常重视他的英语成绩，但他的英语是所有科目中最烂的，从初中二年级开始就没及格过。正所谓"言者无意，听者有心"，我觉得L同学可能成为我改善这个班级学习动机的一个突破口。于是我对他说，在刚结束的一次英语测验中他的成绩依旧还是不及格，但是如果他能在下周的英语默写中默写全对的话，我可以给他一个奖励——在测验成绩上给他加5分，让他及格。当时，L同学就信誓旦旦地保证一定要争取到这5分的奖励。果然，在后一周的英语单词默写中，L同学只默错了2个单词，相较于过去只默对2个单词，这个进步让我感到非常欣慰，于是我还是给他的英语测验加上了5分的奖励。之后，L同学还跑来对我说，他的父亲看到合格的成绩单终于不再对他吹胡子瞪眼了，甚至还对他说要好好保持。看到L同学兴奋的样子，我也替他感到高兴。

第二天，我就将L同学默写成绩快速进步的事情在全班进行了表扬。当其他同学听到L同学进步的实例时都感到非常惊讶，他们突然发觉一个和自己水平差不多的人竟然会有如此飞速的进步。随后，我继续扩大了奖励面，立刻对所有同学表示，如果同学们下一次的默写成绩有进步，我会在之后的英语测验中给大家5—10分不等的奖励加分。于是，在那段时间里，班里的默写成绩有了显著提高。

在此过程中，我运用了如下图所示的方法，实现了这个短期效果。

在这一过程中，外部奖励（Reward）作用到L同学身上，成功调动了L同学去默好单词的学习动机。并通过把L同学树立成良好的榜样（Effective Modeling），来影响周围的同学，周围的同学则会经过观察学习（Observational Learning），一边在榜样作用的影响下效仿L同学的成功经验；一边则在外部奖励的刺激下，也成功调动了自身的学习动机。最后，在替代学习（Vicarious Learning）的影响下，发觉和自己水平相当的同学能取得不错的成绩，感觉自己似乎也能取得类似的成绩，无形中提升了自我效能（Self-efficacy）。

替代学习(Vicarious learning)
·同学观察到和自己水平差
不多的人，在完成同一件
事上取得的不错成绩

奖励（Reward）
·给L同学测验加分

提升自我效能

榜样(Modeling)
·将L同学进步的案例在班中
进行表扬，并鼓励大家向L
同学学习

方法示意

这一连串的激发学生学习动机的方式取得了良好的效果。但是好景不长，过了几周，学生默写单词的质量又开始下降了，L同学的榜样作用也越来越弱，他自身的表现也没有先前那样好了。当时我单纯地以为，是因为我逐渐停止了外部奖励加分政策的原因，导致学生失去了背单词的动力，现在看来，原因似乎没那么简单。

一、 对 L 同学的"重新认识"

现在回想此前，之所以会对 L 同学允诺奖励加分，是因为当初观察到他对考试成绩有渴望，于是简单地认为 L 同学其实是想要学好的。通过理论学习发现，L 同学对分数的渴望其实更多的还是来源于外部动机——父亲的期望（Introjected Motivation）。是为了不让父亲失望，他选择接受了外部奖励。而在 L 同学成功获得外部奖励后的表现（默单词质量日益下滑）与为了得到加分时所表现的出来的认真背单词的状态，前后形成的对比，证明了 L 同学是一个以表现为目标导向（Performance goal）的学生，因为他非常关注父亲对自己的看法，也期待老师对他的正面评价，L 同学并非以学习为目标导向（Learning goal）的学生。像他这样的学生，在我的"迷你班"里其实不在少数。在过去，当他们考试成绩不理想时，我去询问原因，他们给我的答复总是"昨天我和同学出去玩了"或者说"书没带回家，没好好复习"之类的话。经过理论学习，发现他们其实是在为了保存自己的颜面而采用自我贬抑策略（Self-handicapping strategies）。在他们看来，用这样的借口，可以暂时保留面子，但是就长远来看，这样的策略只会让他们恶性循环下去，因为不好好用功导致成绩越来越差。

对于这样的情况，我想我会在今后针对类似的学生重新进行一套缜密的"战略部署"。依据雅培斯汀（Epstein）对学生学习环境分作出的六个范畴：课业（Task）、权利（Authority）、认许（Recognition）、分组（Grouping）、评核（Evaluation)和时间（Time），从这六个维度"下手"，结合过往的相关教学经历，尝试鼓励学生以"学习为目标"（Learning goal）来学习。

1. 课业

在英语听力训练中，"听抄训练"是我一直比较推崇的训练英语听力的方法。但是在我的教育实习阶段，这项"听抄作业"学生一直都没有较好地完成。有的抱怨实在太难，文章开头第一句就听不懂，不知该从何下手。于是我发现，是我对布置给学生的学习任务难度上出现了偏差，没有考虑到学生的实际水平，一味地想让他们尝试有难度的听力数据，其实只是"拔苗助长"，到头来反而抹杀了学生的学习热情。总结得出，教师应尝试通过调整课业难易度，让学生对学到的东西产生兴趣，同时要让学习者发现课业本身的现实意义和挑战性，从而激发学生的好奇心，产生内发动机。

2. 权利

同样由"听抄作业"得到的经验，听抄范文可以是任何一种类型的英语文章，包含科技类文章、自然类文章、人物记事类等。起初，都是我在给学生挑选训练听力的文章，偶然一次的心血来潮问同学们想要做哪个类型的文章，结果学生对选择听力材料的热情出乎我的意料。而那一次的作业质量也较之前有明显的提升。教师应该给学生保留一定的空间，让学生听从自己的内心去选择自己喜欢的学习内容，从而激发学生的自决（Self-determination）学习。

3. 认许

教师对学生的谈话、评语、态度会左右学生的归因（Attribution），而学生做出的归因结果会直接影响学生的目标取向（Goal Orientation）。因此，若希望学生关注自己是否真的在学习过程中得到进步，则不要将失败归因于学生的智力因素，否则会让学生失去进步的动力。

4. 分组

上课方式的"一言堂"即老师一个人唱独角戏灌输学习内容，忽略了学生的课堂参与。分组学习可以帮助学生以小组协作的方式，相互学习，相互激励，以此提升同学间的学习动力。

5. 评核

教师应该细化知识内容，对课本知识分节分章进行测试，而测试所采用的评判应该以学生是否达成本章节学习目标作为评核标准，以此可以弱化同学互相之间的攀比，让学生真正明白学习是为了掌握知识，而不是为了要考得比谁好，充分体现以学习为目标导向的价值。

6. 时间

教师在进行课堂提问的时候，应该充分考虑到所有学生的知识接受水平。在讲完一个知识点后，询问学生是否理解时，千万不要只看到一些课堂积极分子说"老师，我们懂了，你可以往下讲"这样的话就真的继续上课。教师在此时应该停顿一会儿，等一等，给更多的学生思考的时间，消化知识，提出困惑。这样才能尽可能地将学生的学习动力延续下去。

二、 对"奖励"政策的审思

通过理论学习发现，当初我为了鼓励全班都能对背单词产生良好的学习动机，一味扩大奖励面和奖励幅度，殊不知，在这一过程中也渐渐削弱了学生的动机。过去我还一直耿耿于怀到底是哪个环节出了问题，学生不再对"丰厚"的加分政策感兴趣。原来，是我对奖励的运用上出现了问题。

"奖励"的实施应该遵守"少且充分原则"。在鼓励学生在背单词的开始阶段可以适当地采用外部奖励来帮助学习者专于任务本身，但是不能过多地依赖。对比我之前，还将"奖励"分为5—10分不等，几乎人人有奖。以为这是鼓励大家认真背单词的好方法，其实过多的奖励反而加速了学习者对奖励本身的麻木，失去兴趣，而无法有针对性地发挥奖励应有的效用。

我自身对"奖励"手段的依赖，也模糊了我原先应该有的针对激发学习者学习动机的手段。外部奖励不仅不应该依赖，而且还应尽快撤去。我应该更加关注的是，如何让学生认为背单词这项学习任务本身是有趣的，如何让他们觉得在背单词过程中学习到的相关技能是有用的。当把学生的注意有外部奖励转移到任务本身的内在价值上时，就应该尽快撤去外部奖励，促进学习者内部动机的形成。

　　而如果想做到让学生真真正正地对学习任务本身产生内在动机（Intrinsic Motivation）——想好好背单词，则需要教师在如何引导学生背单词这一教学方式上做改进。首先，要让背单词这件事成为能使学生产生兴趣的活动，在教学过程中融入更多的游戏元素，如你画我猜、填字游戏等，激发学生的好奇心，以此来引导学生内发动机对背单词这任务本身产生兴趣，这会对学生之后的英语词汇积累产生不错的效果。

（上海市辽阳中学　王艳君）

第二节

留足够的时间进行问题分析

问题聚焦

设计问题时，答案过于单一，开放性、综合性不足

有效的课堂提问，可以激发学生思考，提高学生的分析能力，能够帮助学生更好地解决问题。但在实际操作过程中，还是会出现课堂提问有效性不足的问题。

1. 预设问题时，铺垫不够到位

在设计问题的过程中，教师往往会以自我代入的方式来思考。这就导致设计问题时，问题与问题之间过于跳脱，铺垫不足，学生无法很好地理解和分析，从而在课堂上出现冷场或者答非所问的情况。为了救场，教师往往会直接给出答案，长此以往，不利于培养学生分析问题的能力。

2. 高估学生的能力，预留时间估计不足

在提出问题后，学生需要一定的时间结合所学知识来分析问题、解决问题。但在实际操作中，教师往往会因为"心急"或者高估了大部分学生本身的能力，而缩短了这部分思考问题的时间，从而降低了整个提问效果。

3. 设计问题时，答案过于单一，开放性、综合性不足

在教学的过程中，由于时间的限制、教学内容的设定、班级学生的学情以及出于"不放心"的心理，教师在设计问题的过程中，会选择其答案较为单一的问题进行提问。在学生理解交流时，缺少了"争执""辩论"这一过程。针对一个问题，学生的"争执"既可以激发学生的兴趣，同时也可以培养学生的发散性思维以及综合分析的能力。

路径转向

预留时间，让同学能够有足够的时间分析问题

如今，在课堂上，教师的教学基本由"一言堂"改为通过层层递进的提问来帮助学生对于知识点进行认识、理解以及运用。为了能够让学生更好地理解所学知识，教师不仅要利用提问进行适当地引导，还要预留合适的时间，让学生针对某一问题、某一现象进行"头脑风暴"，从而提高学生在遇到问题时分析问题和解决问题的能力。

一、 从学生角度进行问题的预设

在设计教案的过程中，我们会对每一个环节设计几个关键问题，来引导学生针对这一个知识点进行思考。但在设计问题的过程中，教师对于学生的认知能力、分析能力的预估出现了偏差，往往会从自己的角度去设计提问，导致学生无法很好地分析问题、解决问题。

例如：在设计"控制变量法专题"的复习课中，以学生对于控制变量法的理解作为引入，在设计提问过程中：

第一次的设计："请同学们用自己的语言来表述一下什么是控制变量法。"

在设计这个问题时，预想：学生已经学过了控制变量法，应该能够用自己的语言进行表述。然而，学生的反应与预想的偏差较大。学生对于这个问题，第一个反应都是有些愣住了，然后，才有个别相对学习较好的同学来进行回答和补充。

针对这一情况，进行了第二次的设计："在生活中，我们常常会说某某跑得真快！你是怎么判断的？""在这个过程中，你是控制了什么因素相同？""这种

方法叫做控制变量法，你能说说什么是控制变量法吗？"

学生对于这些问题的反应相对第一次的设计要快得多，但是部分学生对于控制变量法的描述还是存在一定的困难。

为了更好地让同学们理解"控制变量法"，我进行第三次设计："老师这里有两个同学百米赛跑的成绩单，大家看看谁跑得快，你是怎么判断的？"以实际生活中的例子进行铺垫，让学生展开联想，接着提出"为了能够科学地比较运动快慢，我们能够将路程和时间一块儿改变吗？""那么，用控制变量法进行研究的过程中，我们能够改变的量有几个？"等来引导学生进行知识的回忆，最后再问："现在谁来说一说，什么是控制变量法？"

在这次提问过程中，学生有了一个比较完整的回忆与分析，最后大部分同学都能够比较完整地进行描述。

通过这3次的问题设计以及实践，可以看出学生的认知和老师的预设往往会产生较大的偏差。那么，在设计的问题的时候，要多站在学生的角度去设计，并能够运用学生生活中的现象、实例，让学生展开联想，从而起到启发学生思维的作用。

二、 预留时间，让同学能够有足够的时间分析问题

在设计问题时，教师对于学生的答案有了一定的预设。但是，在上课时总是容易"着急"，忘记了学生在接收到问题同时，需要对于其进行分析和思考。在这个过程中，能力较好的同学或许所需要的时间较短。然而，在课堂上，教师要做的是照顾绝大部分同学。如果上课节奏总是跟着好同学来，那么其他同学则容易滋生出"惰性"，从而无法有效地培养他们分析问题的能力。因此，在预设问题时，还需预设思考时间，给大部分同学充分思考的时间，这样能逐步培养学生的分析能力、思维能力。

例如：在分析"电路动态"的时候，刚开始接触时，一些比较常规的例题对于学习能力比较弱的同学来说，困难度在★★★★★，可对于一些能力比较出众的学生来说，困难度大概才只有★★★。从教学过程来看，他们所需要的时间在30 s—90 s以上。一开始上初三时，会由于时间紧张的关系，看到几个同

学完成了就开始进行分析。一段时间后，发现部分同学在这些题目上没有了发言权，个别同学甚至选择性地视而不见。根据这种情况，我将分析题目时间进行适当地延长，同时根据班级中学生的学习能力，将题目进行拆分，有针对性地进行问题设计，让一部分同学在课堂上也有了发言权。通过这种方式，逐步改善课堂气氛，提高学生的分析能力。

三、 教师选择放手，学生通过交流，碰撞出火花

在设计问题的过程中，由于教师对于学生的"不放心"，往往会选择一些答案较为单一的问题进行提问，这就导致了在课堂上缺少了学生与学生，学生与教师之间的交流。其实，在教学设计的过程，可以有意识地设计一些开放性的问题、综合性的问题，交给学生进行小组讨论、交流甚至辩论。

例如：在讨论"杠杆在水平位置平衡时，动力作用点到支点距离大于阻力作用点到支点的距离。在动力作用点不变的情况下，动力与阻力的大小关系如何"时，有的同学提出"动力臂大于阻力臂，动力小于阻力"，有的同学就会进行反驳，"没有规定动力方向一定是竖直拉的，它可以斜拉，斜拉的时候，动力臂会减小，导致动力臂小于阻力臂，动力大于阻力"。当学生发生分歧的时候，不一定要教师立马进行讲解，可以将问题抛给学生。让同学用数据、图像或者举例等形式来支持自己的观点，反驳他人的观点，最后进行分析和总结。在这个过程中，学生都有自己的想法，各抒己见，取长补短，通过思维碰撞，在无形中鼓励了学生对问题进行思考，从而提高学生分析能力、思维能力。

课堂的有效提问，需要从学生角度出发，针对比较困难的问题进行拆分，将复杂问题简单化。与此同时在有限的时间内，预留适当的思考时间，尽可能地调动学生积极性，让他们参与到课堂中来。最后，在适当的时候，教师要学会放手，通过学生与学生间的交流，学生与教师间的"碰撞"，在自身思考的基础上，结合他人的建议，完善自己的分析与解答。以此来培养学生分析问题的能力，培育学生的思维能力。

（上海理工大学附属初级中学　储怡婷）

第三节

利用数字化实验提升思维水平

"讲实验"代替"做实验"

上海新中考改革将化学实验操作考试纳入中考。中考改革的基本原则明确指出：坚持育人为本，关注共同基础，防止初中学生过度偏科；关注学生综合素养和个性特长的培育，丰富学生的学习实践经历，提升学生问题解决能力，扭转片面应试教育倾向。可见，在当前教育改革的大背景下，社会对学生创新思维能力培养的要求越来越高。化学实验对于学生科学素养的全面提高有着极为重要的作用。通过化学实验的探究活动，使学生体验科学探究的过程，激发化学学习的兴趣，增强科学探究的意识，促进学习方式的转变，培养学生的创新思维和实践能力。目前上海初中的化学实验教学仍存在如下问题。

1. "讲实验"代替"做实验"

高效课堂强调实验教学对学生的重要性。但在实际教学中，由于化学实验的准备工作（比如化学试剂的采购、实验试剂的调配和实验仪器的预处理等）比较繁琐、可利用的课堂时间紧张等，导致多数教师在实验教学中不给学生动手实验的机会，总是抱着"讲实验"比"做实验"容易的心态，忽略动手实验对提升学生思维的重要性。

2. 重考试重点，轻实验探究

部分化学教师在进行实验教学时，过于依赖教材，按部就班地进行实验，重"考试重点"而轻"实验探究"，教学内容和方式方法单一；实验教学缺乏探究和思考，现象验证草草收兵。这在很大程度上限制了学生的创新思维。

3. 过于依赖传统教学，缺少与时俱进精神

按照传统的教学方法，初中化学的部分实验是不能做或者做不好的实验，比如，当空气中氧气浓度为多少时，可以使带火星木条复燃？探究木炭还原氧化铜时有没有一氧化碳的生成，探究氢氧化钠变质程度等实验，这些实验用传统的方法无法测定或者实验误差较大。面对这些问题，很多教师往往会让学生死记硬背答案，而不去想运用新的方法、工具来解决实验中遇到的困难。

路径转向

利用数字化实验，提升学生综合思维

在实验教学中，教师要明确学生学习的目的不仅仅是为了掌握基础知识，更是探究问题解决的方法，在教学实践中要不断探索有利于培养学生创新思维的策略。

一、 实施探究式教学，提高创新意识

"实验探究与创新意识"是中学化学核心素养的一个重要方面。在化学实验教学中，教师应该培养学生以"自主、合作、探究"为特征的学习习惯，引导学生在观察比较中探究、在质疑批判中探究、在创新实践中探究。

例如，在学习"空气中氧气体积分数测定"的实验时，教师并没有照本宣科告诉学生实验方法，而是设计了如下 4 个环节层层展开：

1. 创设问题，情境引入

以胶头滴管吸水为引入，启发学生进入胶头滴管中水的体积等于排出空气

的体积，从学生的最近发展区入手，从定性实验向定量化研究深入，进而发现操作情境中的规律。

2. 剖析原理，设计实验

空气是一种混合物，你能想办法测出其中氧气的体积吗？通过"想一想"活动，学生知道要测定氧气的体积分数可以通过物质燃烧的办法来消耗氧气；再通过"选一选"活动让学生寻找出最佳药品及选择最佳药品的依据；这样，设置阶梯性问题、呈现知识性资料，为学生理解实验思路和设计实验方案扫除思维上的障碍，让学生归纳整理的能力得以提升。

3. 分组探究，论证猜想；交流评价，发现问题

实验由小组讨论后自主实验进行探究，再由学生汇报实验现象，分析得出实验结论，交流讨论实验误差。在探究过程中，教师引导学生"手脑并用，在做中学，学中做"，层层突破，学生的问题解决能力得到逐步提升。

4. 反思改进，横向拓展

探究中，我们发现影响实验效果的因素非常多，实验装置的设计上存在不足之处。红磷外燃式点燃，不仅造成空气污染，而且在将燃烧匙伸入集气瓶时，会有部分空气从瓶内膨胀逸出，造成实验结果不准确；导管过长，里面空气影响实验测定结果；等待集气瓶完全冷却的时间长……那么，如何来对症下药地作一些改进？

学生通过小组讨论，每个小组至少设计了 3 组改进装置，下图为某小组的改进装置：

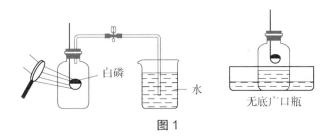

图 1

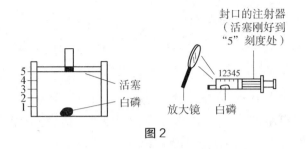

图 2

改进实验与教材实验相比，实验结果更加精准，帮助学生形成了严谨求实的科学态度和创新精神；同时提醒学生关注环境问题，提高环保意识；改进实验进一步深化了学生对实验原理的理解，提高了创新思维的深度和广度。

二、 开展研究性学习，激发创新潜能

研究性学习是教师创设问题情境，学生采用自主钻研的形式，以实验、体验、实践等为手段的学习方式。这种学习方式可以使学生积极主动地建构化学知识网络，并在实践中亲身体验，激活创新潜能。

例如，初中化学常用的酸碱指示剂有紫色石蕊试液、无色酚酞试液和 pH 试纸，在学习溶液酸碱性之前教师给学生讲了波义耳发明化学酸碱指示剂的故事，个别学生受到启发，对指示剂的制作产生了浓厚兴趣。随后教师趁机提示学生许多植物的花、果、茎、叶中都含有花青素，这些色素在酸性溶液或碱性溶液里往往会显示不同的颜色，可以作为酸碱指示剂。同学们经调查研究，选取了紫色苋菜、茄子外皮以及咖喱粉作为原料，分别经过煮沸、酒精萃取等操作得到了多种酸碱指示剂。随后用自己制作的酸碱指示剂测定食盐水、苏打水和肥皂水等溶液的酸碱性。在整个探究过程中，学生的积极主动性得到提高、创新潜能得到激活。

在中学化学教学活动中，化学教师应立足教学目标和教学内容，创造一种开放的教学环境，有效开展实验教学，为学生提供一个自主学习平台，给学生创造自由的思考空间，引导学生把所学知识与生活实践相结合。实验教学对学生的各项技能都具有锻炼作用，学生对实验过程中所发现的各种现象进行思考，可以激发学生创新思维的潜能，为培养学生的创新思维能力提供有利条件。

三、 利用数字化实验，促进思维提升

数字化信息系统（DIS），是 Digital Information System 的缩写，利用现代信息技术进行实验研究，被称为 DIS 实验，或数字化实验。 DIS 主要是由传感器、计算机、数据采集器以及配套软件等构成，能够实现化学试验数据的即时处理、编辑，可存储化学实验数据文件，利用数字化实验手段可以创新化学实验设计理念和模式，实现中学化学实验教学的现代化。

例如，在学习初中化学酸碱盐的内容时，有一个实验专题是"探究氢氧化钠溶液是否变质及其变质的程度"。该探究实验的一种实验方法是向样品中加入过量稀盐酸，观察是否有气泡产生。"为什么盐酸一定要过量？"会困扰很多学生，教师往往会非常应试地直接告知学生，盐酸要优先与氢氧化钠反应直到氢氧化钠完全反应，才会继续与碳酸钠反应产生气泡，若盐酸不足，则即使溶液中含有碳酸钠也不会看到气泡。针对上述问题，求知欲强的部分学生想通过实验验证，但在验证时若存在氢氧化钠溶液变质程度较大的情况，滴入盐酸的瞬间，溶液中便开始产生气泡，这个实验现象会让学生误以为氢氧化钠已经完全变质，从而影响学生的科学探究效果，阻碍学生的创新思维。

面对这个困惑，教师引导学生跳出传统的思维模式，尝试采用数字化实验技术来解决问题，经过同学们不断的探索和优化，设计了如下实验装置：

图3

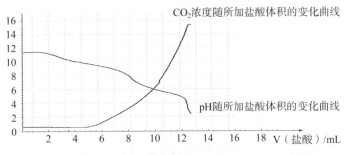

图 4　溶液的 pH 及 CO_2 随所加盐酸体积的变化曲线

实验内容：在如图 3 所示的装置中，三口烧瓶内装有轻微变质的氢氧化钠和酚酞（酸碱性指示剂）的混合液，三个瓶口分别连接 pH 传感器、滴定计数器和二氧化碳传感器，滴定计数器上方针筒内液体是稀盐酸。随着盐酸的不断滴入，溶液 pH 及二氧化碳浓度逐渐发生了如图 4 所示变化。通过图像曲线的变化，学生可以直观地看到在滴入一定体积的盐酸后二氧化碳的浓度才逐渐增加，从而很容易推出盐酸先与氢氧化钠反应，再与碳酸钠反应的结论。此外，学生还可运用图像中盐酸的体积对溶液中氢氧化钠和碳酸钠进行定量化计算。数字化实验用直观的方式准确地把盐酸与氢氧化钠和碳酸钠的反应顺序展现了出来，同时通过提供的盐酸加入体积这个直观数据计算出溶液中氢氧化钠和碳酸钠的含量，为提升学生思维带来新高度。该创新性实验引导学生把抽象知识形象化、具体化，同时在学习中逐渐建立网络联结，促进学生创新思维品质的提升。

创新思维能力是学生综合能力的核心，而提升学生的科学创新思维能力也是教师最重要的任务之一，在教学的过程中应该把创新思维贯穿全程，在提升创新思维的同时引导学生逐渐形成科学的学习方法。

（上海市二十五中学　周家芬）

第四节

打破思维定式的局限

教师把学生当一个接收知识的容器

在传统的教学过程中，教师处于绝对的主导地位，教学过程主要是由教师主导教学内容和教学方法，学生处于非常被动的地位。同样在班级管理过程中，班主任和任课老师用自己心中预设的框架和范本去规划和控制学生的各类行为举止和学习方式，虽然在班级管理上也有学生的参与，但大部分都是在既定的框架下去操作和运行的，缺乏主动去思考如何帮助老师管理好班级。现在科技发达，作为初中生，同学们身上有我们难以想象的创新力和想象力去为班级和自己创造更多的奇迹，教师再也不能凭借自己的主观想象去把学生当一个接收知识的容器，而应该从内心上保持平等的心态，把他们当成班级的主人公，让他们用自己无穷的创新想法去满足他们这一代人的内心需求，从而更好地掌握知识。

作为教师，我一直秉承着"授人以鱼，不如授之以渔"的教育理念，不愿意把知识硬性地塞入学生的大脑，教育家叶圣陶也曾经说过"为教者必期于达到不须教"。作为一名体育教师兼班主任，我努力吸收先进与开放的教育思想，不断地应用到我的日常体育教学和班级管理中去。我把培养学生的思维能力和创新思想当作我的教学附属课程，让他们无论在创新志向、创新才干还是创新思维方面都能得到提升与发展。下面我将结合具体案例来谈谈如何有效地培养学生的思维能力。

路径转向

打破思维定式，开发思维角度

一、 引导学生大胆提出质疑

我一直认为，一个人的思想是阶段性的，并且具有一定的片面性和局限性，即便作为老师，我也愿意向学生勇敢承认这一点，我愿意静下心来倾听他们的想法，不断地开拓自己思想的疆域。

案例1：作为六年级的体育老师，开学初的教学重点主要是中学生第三套广播体操的教学。在教学过程中我发现很多问题，有很多同学机械性地学习我教的每一个分解动作，他们不愿意花费时间和精力去思考这一节操的重点是什么，只是惯性地学习教师的动作，动作的规律和节奏都不能进入他们的思想。所以当我发现这个情况后，我开始有意地犯一些小的错误来刺激他们动作记忆的应激反应，当然很快有些同学就能迅速地反应并总结我的问题在哪里。现在的教学现状是，很多同学虽然知道但是却不敢提出来，当他们有这个苗头的时候，我所做的只是顺水推舟，鼓励他们勇敢地提出来并集思广益他们愿意学习的教学方法。A同学在受到鼓励之后，积极地和我探讨动作教学或许不是只有这一个方法，她给每一个分解动作都取了一个有记忆点的名称，还主动提出了左脚至右脚的动作规律，这种新颖的教学方法让和她同龄的同学觉得很有趣，并能取得较好的学习效果。B同学在A同学的基础上积极地把班级分成各个组，主动开启竞争模式，积极地策划如何比拼并制订评分标准，学生的主动参与让我觉得非常开心，他们的创新思维也突破了我思想上的局限。

二、 打破思维定式，开发思维角度

案例 2：案例 2 与案例 1 有所不同，案例 1 更注重体育教学中的思维扩散，但在班主任管理过程中，我更加愿意培养孩子们的创新管理才干。孩子们刚上六年级，正是给他们规范行为准则的最佳时机。我前期一直在犯凡事亲力亲为的毛病，仿佛所有事情只有掌握在我自己手上才感到放心。这段时间我非常疲惫，经过自我反省后，我逐渐意识到孩子们自身所蕴藏的能量，与其我一个人来管理班级，不如积极有效地让班级有想法的学生来管理班级。在班级管理中，每天都会有很多琐碎的事情，班级里每天都会有摩擦和争吵。在一次学生动手事件发生之后，我突然意识到不能一直只靠我来高压管理，不如试试让学生自己来想办法处理。这些学生把自己打架的原因做了阐述，并一条条记录下来，然后有学生建议他们将事件重演一遍并互换角色，结果孩子们在重演的时候自己都笑了起来，事情也就简单愉快地解决了。

三、 突破自我认知局限

案例 3：作为一名刚毕业不久的新老师，在汲取优秀的前辈老师的经验之后，我常常也会思考或许更应该发挥学生突破自我的作用，发掘他们的潜能。所以我经常会观察一些在某些方面表现得不自信的同学，"为难"他们。有的同学觉得自己没有管理才能，我就让他们接手班级管理事务；有的同学觉得自己害羞不好意思在大家面前演讲或者朗诵，我就把上台的活多分配给他，等等。或许他们会经历一个艰难期，但我不希望我教的小朋友一直待在自己的舒适区，或许当时他们会觉得我在为难他们，可当他们正视自己的弱点且战胜它们的时候，他们不知道比他们还高兴的永远是我们。我总是和他们说，生活就是要不断打破自己的舒适圈，不断开启新世界的大门，永远不要害怕失败，只有不曾为自己努力过你才会后悔。

以上三个案例都是在我的教学生涯里涌现出来的，未来还会有更多。要想成为一名优秀的老师，我想我们自身需要学习的地方还有很多。要了解学生和他们每个阶段发展的思维现状，专注他们的创新思维和心理动力，激发他们的创新意识，培养他们的创新精神，这既是尊重学生，也是素质教育的优良体现。同时作为一名老师，也必须要有发现美的眼睛，及时捕捉孩子们的闪光点，挖掘他们的潜能，让他们能够真正成为新世纪的创新人才。

（上海市二十五中学　吴瑶）

第五节

激发创新思维灵感

缺乏创造力培养

创新思维培育是培养创新人才的关键。一个人只有具有创新思维，才能想出创新方法、搞出创新活动、得出创新成果。但在初中少先队员创新思维能力培育的过程中，我们不同程度地遇到了一些困难和阻碍。经研究分析，造成初中队员创新思维能力缺乏的因素有很多，有客观原因，也有主观因素，主要表现为：

1. 老师权威性影响

在常规学科中，受传统师道尊严影响，很多队员把老师当作获取知识的直接来源或唯一来源，视老师为权威，不敢对老师或老师教授的知识产生怀疑，回答问题总是努力往老师规定的内容上靠。老师自身缺乏创新意识，备课时，很多老师把教材视为金科玉律，依赖于教材和教参设计教案，认为课堂教学只要把教材上的内容不遗漏、不越位地传授给队员即可，不愿主动向外延伸，不敢"越出雷池半步"；授课时，老师忠实于自己的备课笔记，教案上怎么写，课堂上就怎么教，把完成教案上的各项内容作为衡量上好一节课的标准，如果出现队员的思路与教案不吻合时，老师往往想方设法把队员的思路"拽"回来，没有营造鼓励创新思维的氛围。在少先队工作中，也多少存在着辅导员直接做决定、说了算的情况，老师布置工作，队员依照执行，没有给队员主动想、大胆想的机会。

2. 传统活动模式固化

课堂教学活动中，老师主角意识较强，习惯以灌输的方式进行授课，队员一直处于被动接受的状态，师生双方形成的常态课堂模式是：老师讲、队员听，老师问、队员答，老师写、队员抄，老师给、队员做，周而复始、不断重复。主题教育活动中，主导者也以老师居多，他们中有些人习惯于按部就班地套用自己熟悉的方式开展教育活动，觉得多一事不如少一事，活动开展往往在固定的时间和地点、采用固定的程序和模式，这些程式化的活动降低了队员参与的热情和兴趣，大大限制了队员创新思维的发展。

3. 队员负面心理干扰

有些队员有从众心理，别人怎么想、我也怎么想，别人怎么做，我也怎么做，随大流、怕出错、懒动脑，缺乏创新思维的意识；有些队员功利心比较强，崇尚"拿来主义"，追求"坐享其成"，缺乏创新思维的动力。

4. 学习压力大导致

为了提高学习成绩，考入自己心目中理想的高中，很多初中队员除了工作日每天家和学校两点一线外，双休日还要奔波于各类学科补差班、提高班、强化班，几乎没有多余的时间走进自然、融入社会、体验生活、探究未知；为了追求考试得高分，有些初中队员被淹没在各类教辅材料中，事先没有进行合理的选择，只是单纯地、盲目地、机械地、重复地"刷题"，消耗了大量的精力，同时也失去了创新思维培育的机会。

路径转向

拓展活动空间，激发创新思维的灵感

结合以上创新思维培育的意义、队员创新思维能力现状和创新思维培育面

临的难题，我们可以通过以下几个路径对初中队员创新思维能力培育进行探索。

一、 以队员为主体，营造创新思维的氛围

区别于以教师为主体的传统课堂，少先队活动的主体为队员，强调活动是由少先队员自主、自愿、自动参与的。队员成为活动的主人，就有了"小当家"的主动权和话语权，能够按照自己的意愿和想法，创造性地开展少先队活动。当然，有时候队员考虑问题比较简单，想法比较幼稚，这就需要辅导员在旁边发挥辅导作用，启发启蒙队员，而不是包办代替，鼓励引导队员，而不是强制命令。有了宽松的环境和无限的动力，队员们胆子大了、信心足了，创新思维的阀门也就打开了。

例如：在六年级组建中队过程中，队员们在辅导员的帮助下开展"我的中队我做主"活动，通过自取队名、自选干部、自创岗位、自定公约等形式，不断完善中队的组织建设。其中，在取队名环节，有队员希望自己中队的队员都能团结友爱，故把自己的中队命名为"同心中队"，有队员感觉自己中队的队员个个身怀绝技，故将队名定为"星星王者中队"，还有队员觉得初中生应该充满激情、具有爆发力，故为中队取名"爆米花中队"；在自创岗位环节，队员们根据中队所需，大胆设想开发新岗位，如："门窗管家""班牌主人""节能卫士"等，大家说出创建这些岗位的理由、想法和建议，并讨论梳理不同岗位需承担的任务，最终通过自荐和他荐的方式确定岗位负责人；在自定公约环节，队员们充分发挥主人翁意识，积极参与中队管理，想出许多操作性强的"金点子"和"好主意"，这些点子的出现都是队员创新思维的体现。

二、 拓展活动空间，激发创新思维的灵感

具有好奇心和求知欲是提高创新思维的关键因素。一个人好奇心强、求知欲高，往往会表现出自信乐观、积极向上等优秀品质。根据少先队活动的成效显示，拓展活动空间是激发队员好奇心和求知欲的有效方式之一，让队员不拘泥于课堂和校园，而是到户外、进社区、走场馆、逛公园，队员心情放松了、视野扩大了、思路打开了，创新思维的灵感也必被无限迸发。

例如：七年级的队员围绕 3 月 12 日"植树节"，开展了一次主题为"我把春天留心间"的"雏鹰假日小队"活动。大家自建小队、明确分工，相约走进社区、走进公园，通过用画笔画下树之影、用手机录下风之声、用相机定格花之魅、用摄像机留住行人之灵动、用文字描绘生活之美好等富有创意的方式，记录春天的气息、春天的痕迹和春天的美好。在另外两次"小眼睛看大世界"红领巾寻访活动中，队员们在上好先导课，初步了解场馆概要之后，在辅导员的指导下，根据想要对该场馆做进一步了解的内容设计"任务卡"，然后在场馆内通过探访、观察、记录等途径自行完成"任务卡"。在这样的活动过程中，队员主动参与的积极性被充分调动起来，探究未知事物的欲望呼之欲出，活跃的思维快速运转起来，学习的效果往往超出预期。

三、 丰富形式内容，培养创新思维的兴趣

著名科学家、诺贝尔物理学奖获得者杨振宁先生曾在 2015 年度"求是奖"颁奖典礼上说："兴趣是创新之源、成功之本。"其实，兴趣和创新之间的关系是相辅相成的，兴趣能促进创新，与此同时，在创新的过程中也能产生无穷的兴趣。那么，怎样在少先队活动中激发队员创新思维的兴趣，这就需要在设计活动时以童为本、问计于童、问需于童，丰富活动内容和形式，吸引队员爱活动、会活动、善活动，并帮助队员动中施教、动中获益。

例如：学校在一次八年级队员和家长的问卷调查中发现，随着学业压力不断增大，又加之进入青春期带来的困扰，有部分队员出现了"厌学""对外界冷漠""早恋""亲子关系紧张""对未来规划茫然""只想做佛系队员"等负面问题，从而导致自己的情绪时而消极、时而低落、时而暴躁，严重者直接影响学习效率，导致学习成绩直线下降。面对这些情况的发生，辅导员召集队干部商讨少先队活动方案，共同寻找队员普遍感兴趣的话题和一起想解决的问题，并通过主题队会、专题讲座、辩论赛、心理咨询会、运动会等形式，帮助队员释放压力、敞开心怀。尤其是每节少先队活动课都会围绕一个主题或某个问题展开讨论，队员从多方向、多角度进行思考、交流、分享，辅导员及时给予正面引导。这样的少先队活动既为队员搭建了有话能说、有话想说、有话敢说的平

台，同时也培养了队员思维的发散性、辩证性、灵活性、变通性和独特性。

四、 开展创造性和探究性活动，展现创新思维的成果

少先队活动没有教科书，也不进行系统知识的传授，强调的是队员自主参与、自我设计、自己创造。其中，创造性活动和探究性活动更是属于少先队活动的高阶领域，能够让队员在活动中充分展示创新意识、创新精神、创新思维、创新能力和创新成果。

例如：在九年级上半学期，鼓励学有余力的队员自行组建小队，在辅导员的指导下开展课题研究，通过发放调查问卷、收集梳理信息、开展实验论证、交流展示评议等方式，主动获取知识、分析问题，然后提出解决问题的方法。队员在探究的过程中不断生成新的目标、发现新的问题、寻求新的解决方案，创新思维得到培育、创新能力得到提升、创新成果也鼓舞队员继续前进。这些活动也为队员进入高中开展高级别的课题研究和综合素质培养打下了扎实的基础。

初中队员创新思维的培育是紧扣时代发展、顺应考试改革的必然趋势，也是为祖国培养未来创新人才的重要举措。作为一名在少先队岗位上奋战多年的少先队工作者，笔者觉得我们应该充分发挥少先队组织的优势，把少先队活动作为培养队员创新能力的主战场，给予他们充分的支持和帮助，鼓励他们在学习中创新、在生活中创新、在活动中创新，为创造更加美好的未来时刻准备着！

（上海市宝山区罗店第二中学　许杰）

后记

　　上海市三门中学作为三门中学教育集团核心校、三门中学新优质集群发展群主校、三门中学"新绿创梦"教研联合体牵头校、三门中学"城乡携手共进"结盟校，携手二十五中学、同济第二初级中学、昆明学校、辽阳中学、铁岭中学、上海理工大学附属实验初级学校、育鹰学校、上海理工大学附属初级中学、黄兴学校、罗店二中等十所学校，共同直面在校学生高层次思维能力薄弱的这个"短板"，跨校联合开展"关注学生思维培养促进终身发展"的行动研究和实践。回望七年来的课题研究之路，我们整合十所学校优质资源、共享教师智慧、围绕学生思维培育策略，努力使我们的课堂发生改变，在学业质量上进一步突破，成为百姓满意的家门口的好学校。

　　第一，我们在真实情境中寻找"真问题"。三门中学从 2012 年学校的绿色指标测试情况反馈中发现，"高层次思维能力"是"短板"。结合学校的课程建设推进发现：学生思维能力的培养并没有落到实处，日久天长就养成了思维的惰性和依赖性。经过上下几轮的全校教师研讨，最终将"关注学生思维培育促进终身发展"的实践研究项目作为课程建设新的发展点，旨在探索教与学方式的转变，打造促进学生思维发展的有效课堂。为此，学校研制了《三门中学"关注学生思维发展"项目四年行动方案》，明确了项目目标：形成各学科的学生思维培育目标；总结提炼各学科课堂教学思维培育的有效策略；形成较为成熟的"基于学生思维发展的课堂观察"模式，积累各学科的课堂观察案例，打造"关注学生思维发展"的课堂观察信息化平台。

　　第二，我们在行动研究中解决"真问题"。学校项目组经过反复研讨，聘请专家指导解读，聚焦教学过程中的真问题，以教研组为单位，采取行动研究的方法，组织教师通过"一日研修"。我们在行动研究中强调"两个意识"：一是"全程问题意识"，即提出问题、解决问题、反思问题和发现新的问题；二是"全程反思意识"，即行动前反思、行动中反思、行动后反思，以研究引领实践，在实践中完善提升。

第三，我们在教学实践中得到"真方法"。对学生的精彩回答，我们不能仅仅给予鼓励和肯定就放过，这时是绝佳的思维示范机会，通过追问"你是怎么想到的""为什么会这么思考""遇到这类问题你有什么好方法与大家分享"……充分展示学生的思维路径，教师可以再追问下去，帮助学生梳理出他的思维过程，找到思维的阻塞点。要多问"你是怎么想的""为什么这样想"等如此能够激发学生梳理思维过程的问题。问题是思维的引擎，追问是思维的深入。围绕核心问题设计螺旋上升的问题链，从横向看，可以让不同层次的学生都能参与思考，都有思维空间；从纵向看，可以让学生的思维不断爬坡，让学生的理解不断加深。只有在具有一定结构的问题链中思考，让问题链成为思维发展的台阶，学生的思维能力才能得到螺旋上升。

衷心感谢给予课题研究悉心指导的专家，是他们让我们一线教师的高阶思维培育教学案例有了逻辑，成了体系，有了一点"理论的味道"。

当然，教师更多的精力在于课堂，他们的文章语言朴实，还有很多不到位的地方，请大家批评指正。

上海市三门中学校长　秦娟

2020 年 9 月

学校整体课程规划的七个关键	978 - 7 - 5760 - 0424 - 3	62.00	2021 年 3 月
课堂教学的 30 个微技术	978 - 7 - 5760 - 1043 - 5	52.00	2020 年 12 月
教学诠释学	978 - 7 - 5760 - 0394 - 9	42.00	2020 年 9 月
原点教学：提升区域育人质量的策略研究			
	978 - 7 - 5760 - 0212 - 6	56.00	2020 年 8 月

学校课程发展精品丛书

学科课程群与全经验学习	978 - 7 - 5760 - 0583 - 7	48.00	2021 年 1 月
育人目标与课程逻辑	978 - 7 - 5760 - 0640 - 7	52.00	2021 年 2 月
学科课程与深度学习	978 - 7 - 5760 - 0505 - 9	52.00	2021 年 2 月
学校课程的文化表情：百花园课程的学科指向与深度实施			
	978 - 7 - 5760 - 0677 - 3	38.00	2021 年 2 月
学校文化与课程变革	978 - 7 - 5760 - 0544 - 8	62.00	2021 年 2 月
语文天生重要：语文学科课程群设计			
	978 - 7 - 5760 - 0655 - 1	44.00	2021 年 2 月
五育并举的课程体系：致良知课程的旨趣与探索			
	978 - 7 - 5760 - 0692 - 6	48.00	2021 年 1 月
学科课程与育人质量	978 - 7 - 5760 - 0654 - 4	48.00	2021 年 1 月
在地文化与课程图谱	978 - 7 - 5760 - 0718 - 3	46.00	2021 年 2 月
中观课程设计与学科课程发展	978 - 7 - 5760 - 0624 - 7	36.00	2021 年 1 月
大教学：英语学科核心素养培育的课程模式			
	978 - 7 - 5760 - 0462 - 5	46.00	2021 年 1 月

特色学校聚焦丛书

不一样的生命，一样的精彩	978 - 7 - 5675 - 8675 - 8	34.00	2019 年 3 月

童味正醇:特色学校的文化图谱　　978 - 7 - 5675 - 8944 - 5　　39.00　　2019 年 8 月

特色普通高中课程建设探索　　978 - 7 - 5675 - 9574 - 3　　34.00　　2019 年 10 月

儿童是天生的探索者:360°科学启蒙教育

　　978 - 7 - 5675 - 9273 - 5　　36.00　　2020 年 2 月

做精神灿烂的教师:教师自我成长的 5 个密码

　　978 - 7 - 5760 - 0367 - 3　　34.00　　2020 年 7 月

让教育温暖而芬芳　　978 - 7 - 5760 - 0537 - 0　　36.00　　2020 年 9 月

快乐教育与内涵生长　　978 - 7 - 5760 - 0517 - 2　　46.00　　2020 年 12 月

故事教育与儿童发展　　978 - 7 - 5760 - 0671 - 1　　39.00　　2021 年 1 月

美好教育:学校内涵发展的循证研究

　　978 - 7 - 5760 - 0866 - 1　　34.00　　2021 年 3 月

把美好种进儿童心田　　978 - 7 - 5760 - 0535 - 6　　36.00　　2021 年 3 月

跨学科课程丛书

大情境课程:主题设计与创意评价

　　978 - 7 - 5760 - 0210 - 2　　44.00　　2020 年 5 月

社会参与素养的培育模型与干预机制

　　978 - 7 - 5760 - 0211 - 9　　36.00　　2020 年 5 月

大概念课程：幼儿园特色主题活动设计

　　978 - 7 - 5760 - 0656 - 8　　52.00　　2020 年 8 月

项目学习:进入学科的课程智慧　　978 - 7 - 5760 - 0578 - 3　　38.00　　2021 年 4 月

核心素养导向的课堂教学丛书

漾着诗性智慧的课堂教学　　978 - 7 - 5675 - 9308 - 4　　39.00　　2019 年 7 月

转识成智的课堂教学:核心素养导向的历史教学

978 - 7 - 5760 - 0164 - 8　　40.00　　2020 年 5 月

学导式教学:学会学习的教学范式

978 - 7 - 5760 - 0278 - 2　　42.00　　2020 年 7 月

高阶思维教学的关键技术　　978 - 7 - 5760 - 0526 - 4　　42.00　　2021 年 1 月

会呼吸的语文课:有氧语文的旨趣与实践

978 - 7 - 5760 - 1312 - 2　　42.00　　2021 年 5 月

高阶思维教学的核心指向　　978 - 7 - 5760 - 1518 - 8　　38.00　　2021 年 7 月

特色课程建设丛书

教师,生长的课程　　　　　978 - 7 - 5760 - 0609 - 4　　34.00　　2020 年 12 月

学校课程发展的实践范式　　978 - 7 - 5760 - 0717 - 6　　46.00　　2020 年 12 月

丰富学习经历:如歌式课程的愿景与深度

978 - 7 - 5760 - 0785 - 5　　42.00　　2020 年 12 月

学科课程群设计方法　　　　978 - 7 - 5760 - 0579 - 0　　44.00　　2021 年 3 月

学校美育课程的立体建构:菁华园课程的逻辑与框架

978 - 7 - 5760 - 0610 - 0　　36.00　　2021 年 3 月

关键学习素养与学科课程设计　　978 - 7 - 5760 - 1208 - 8　　34.00　　2021 年 4 月

学校课程设计:愿景建构与深度实施

978 - 7 - 5760 - 1429 - 7　　52.00　　2021 年 4 月

生长性课程:看见儿童生长的力量　978 - 7 - 5760 - 1430 - 3　　52.00　　2021 年 4 月

"慧阅读"课程:儿童视角　　978 - 7 - 5760 - 1608 - 6　　42.00　　2021 年 6 月

诗意栖居的课程愿景:智慧岛课程的逻辑与深度

978 - 7 - 5760 - 1431 - 0　　44.00　　2021 年 7 月